ARTESANOS Y OBREROS COSTARRICENSES

1880 - 1914

Mario Oliva Medina

ARTESANOS Y OBREROS COSTARRICENSES 1880 - 1914

Editorial Costa Rica
San José

331.8832
0-48m   Oliva Medina, Mario
               El Movimiento artesano obrero urbano /
           Mario Oliva Medina. -- 1. ed. -- San José :
           Editorial Costa Rica, 1985

               p. 220

               ISBN 9977-23-211-3

               1. Artesanos - Organización. 2. Sindi-
           catos - Costa Rica. I. Título.

           DGB/PT   85-082

PROLOGO

"¡Qué importa si en mil pedazos
vuelan aquí mis pulmones,
lo importante es que me escuchen
los déspotas y mandones!"

Habla un cantor, del poeta peruano
JOVALDO. (Perú: Iquitos. Nov. 1981).

I.   PRELIMINARES

En Costa Rica, la historiografía científica ha venido dando tumbos desde hace unos quince años para acá. Esto se ha debido, creemos, esencialmente a dos bloques de problemas:

A) La necesidad de introducir nuevas corrientes teórico-metodológicas cuyo utillaje conceptual pueda funcionar en una realidad para la cual no fue necesariamente concebido. Tal situación ha generado dos posturas que hasta ahora empiezan a adquirir consistencia: por un lado, la de aquellos que se niegan a desprenderse de sus prácticas investigativas de rutina —según la ley de la costumbre y del mínimo esfuerzo—, sin considerar el signo político del historiador involucrado, en cuyo caso, las coincidencias ideológicas entre positivistas de la vieja y de la nueva escuela no son extrañas. A tal efecto, las actitudes iconoclastas resultan candorosamente aceptables pero no científicas.

Por otro lado está la posición de aquellos que sustentan un culto casi irracional por el lenguaje, más que a los aportes teóricos, metodológicos o conceptuales de otras latitudes con tradiciones historiográficas de mayor peso y de más larga trayectoria creativa.

Estas dos posiciones nos han dejado aportes de consideración pero, aún seguimos con el problema entre manos de cómo articular una con la otra sin que el producto resultante se torne explosivo y no genere revanchismos que siempre portan consigo anatemas de carácter político. En Costa Rica, algunos sociólogos y economistas que no son historiadores de profesión, han logrado ésto; pero han terminado dando vueltas en círculo al interior de una sopa conceptual que repite abrumadoramente los mismos contenidos de hace veinte años. La lógica de esta situación se expresa en la abismal contradicción entre práctica política y práctica científica. No podía haber sido de otra forma pues, ahora al menos flota en el ambiente el axioma básico en el quehacer del científico social de que, con respecto a la Historia, por ejemplo, no se puede ser objetivo. Una aparente perogrullada como ésta resulta espantosamente inaceptable incluso para aquellos que juegan a la Revolución con soldaditos de chocolate.

B) El otro bloque de problemas al que quisiéramos hacer referencia tiene que ver con un asunto más preciso y es el cómo "desintelectualizar" a la Historia, por una parte, para lograr un más alto grado de participación popular en la construcción de la misma[1]; y, por otra parte —siendo honestos con nosotros mismos y con el lector—, cómo construir de urgencia un proyecto historiográfico que a través de la precisa comprensión del pasado nos impulse a transformar el presente. Obviamente podría pensarse que estas pretensiones

---

(1)   No olvidemos la hermosa experiencia del HISTORY WORKSHOP JOURNAL en la Universidad de Oxford, Inglaterra, donde los historiadores han logrado formular un valioso proyecto de historia popular escrito junto con las organizaciones obreras, feministas y otras.

son extemporáneas. Nosotros creemos que no. Porque si pensamos en las más recientes manifestaciones de irresponsabilidad en algunos sectores dirigentes de la izquierda tradicional en Costa Rica, plantear la apertura de una nueva vía hacia el logro de una HISTORIA SOCIALISTA en nuestro país, definitivamente no suena tan descabellado. Y no suena así porque el descalabro de la izquierda, dichosamente, tiene que ver muy poco con la riqueza potencial del movimiento popular como un todo. De tal forma que, al asimilar nuevos métodos, teorías o conceptos podríamos vehicular la eventual pugna entre chovinismo y esnobismo, precisando el perímetro que al Historiador como agente del "cambio social" le corresponde en la formulación —vía comprensión y transformación de lo que es Costa Rica—, de un nuevo proyecto de sociedad: más justo, libre y humano. Es en esta dirección donde se ubica la labor del autor del libro que hoy prologamos.

II. SOBRE EL AUTOR

Se trata de un joven historiador chileno a quien conocemos desde hace aproximadamente cuatro años. Pensado originalmente como tesis para optar al grado de Licenciado en Historia por la Universidad Nacional, el texto, al interior del círculo de especialistas en la materia, ha generado todo tipo de comentarios: algunos muy positivos y estimulantes; otros negativos y llenos de encono que sólo la envidia y el mal gusto pueden inspirar.

No podía haber sido de otra manera pues el autor, a pesar de su juventud, es un intelectual maduro, con un elevado sentido de su vocación, lo que le ha permitido debatir convincentemente contra las manidas interpretaciones de la Historia Institucional del Movimiento Obrero en Costa Rica[2].

---

(2) Al respecto véase un artículo nuestro titulado: "El Movimiento Obrero en Costa Rica visto por los historiadores". APORTES (Set—Oct. 1984. No. 21) PP. 27—31.

Este texto, por otro lado, ha obtenido el premio de ensayo histórico convocado por la Editorial Costa Rica en 1984. Con este galardón el autor ha conquistado un reconocimiento que bien merecido se tenía, sobre todo cuando resulta tan difícil romper el rígido cerco que la cultura oficial ha levantado para impedir que sus viejos patriarcas (así como los jóvenes) sean desalojados por aquellos que no comparten sus puntos de vista; y que al hacerlo así enriquecen e incrementan notablemente a la producción académica en este país. De lo contrario, el medio intelectual costarricense se vería saturado por la monotonía de la lisonja recíproca, cosa ya sintomática de por sí.

El que éste escribe siguió muy de cerca el trabajo de Mario Oliva y puede asegurar que la rigurosidad, la constancia y el sentido práctico en el manejo de las ideas, son algunas de las cualidades que permean toda la labor del autor. Porque sin preocuparse por hacer profesiones de fe, o por rendir pleitesía al empirismo de gabinete, el autor ha venido a contribuir seriamente al avance de la historiografía obrera en Costa Rica. Un vigoroso y valiente afán crítico ante lo que se consideran verdades establecidas le han granjeado un apoyo mediatizado de parte de aquellos que usufructuaran por años con tales verdades. La franqueza en el discurso y el argumento modesto pero contundente harán, definitivamente, de este trabajo un hito pionero en el establecimiento de nuevas fronteras para el quehacer académico en Costa Rica.

III. LAS OPCIONES METODOLOGICAS. (TRADICION E INNOVACION).

El libro que tiene el lector en sus manos, es un libro que no aspira a ser definitivo pero, por eso mismo, es un buen libro. Se puede estar de acuerdo o en desacuerdo con muchas de las cosas que aquí se sostienen; sin embargo, esa riqueza polémica es la que hace del texto un aporte valioso digno de tomar en cuenta no por el contenido polémico mismo, sino por las consideraciones de fondo que sustentan las ideas del autor.

Habiendo seguido la preparación del texto desde su formulación inicial, tenemos claro que el autor se enfrentó con serias dificultades teóricas, metodológicas, documentales y formales que le obligaron en repetidas ocasiones a rehacer algunos capítulos. No obstante, el tesón, a veces casi obsesivo del autor, le permitió salir adelante sin que por ello pueda decirse que el resultado le satisfaga a cabalidad. La honestidad es un elemento clave en la creación científica o artística y de ella el autor dispone en grandes dosis.

Las dificultades aquí mencionadas fueron producto de que Mario Oliva emprendió la tarea prácticamente solo, y la ayuda que algunos pudimos brindarle fue realmente periférica desde el momento en que, o nuestros intereses académicos eran bastante disímiles, o, teniendo la formación atinente, algunos se negaron a reconocer el verdadero atractivo que el tema (y la forma de trabajarlo que se proponía) pudiera eventualmente suscitar. Tal atractivo se quiso opacar en muchas ocasiones, hasta que el otorgamiento del premio mencionado atrás, eliminó de un plumazo las intenciones nocivas de aquellos para quienes la academia es un coto privado de caza.

Muchos de los obstáculos que se le antepusieron para que llevara a feliz término su trabajo, el autor ha logrado superarlos; otros siguen vigentes, y otros, posiblemente, tendrá aún que arrastrarlos como peso muerto, durante algunos años.

Dado que tendencialmente el libro de Mario Oliva puede ubicarse dentro de lo que hoy se conoce como Historia del Movimiento Obrero, cualquiera podría verse empujado a pensar que se trata de un simple recuento de organizaciones, partidos políticos, sindicatos, héroes y mártires, o, finalmente, de un simple listado de las grandes luchas en que se vieron envueltos los hombres y mujeres de la clase trabajadora. Esa primera impresión puede resultar errónea. Si un historiador de la economía tiende a sostener que la Historia del Movimiento Obrero surge con el nacimiento y desarrollo del sistema capitalista, ya no es posible sustentar tal cosa cuando dicho concepto quiere ser idéntico al de clase trabajadora. El asunto planteado así, a secas, pudiera evocar una simple discusión terminológica. Pero no es así. Y no es así porque el manejo indistinto de ambos conceptos induce a errores metodológicos y contextuales de mucha monta. Para el historiador social es fácil escamotear la gravitación teórico metodológica de tales errores asumiendo que el Movimiento Obrero es el mismo en todas partes, que sus características y evolución son idénticas en todo contexto espacio-temporal y de esta forma obviamos el problema que supone fijar las diferencias cualitativas que nos da el hecho de estar trabajando con un sujeto histórico lleno de vitalidad, cambiante y en crecimiento constante. En estos casos el concepto de clase trabajadora resulta más prometedor históricamente, aunque sociológicamente más problemático. Esto es así porque el historiador puede caer en la trampa de escribir sociología retrospectiva, para la cual, el instrumentar unas cuantas fórmulas es anterior al embargo que sobre ella pone la prueba empírica.

En su trabajo, Mario Oliva, aún no nos dilucida del todo este problema ya que en tanto que pionero su libro está marcado todavía por las intuiciones brillantes y por las insinuaciones temáticas de futura realización.

Si no queremos hacer la historia de una clase para legitimar al Partido y deseamos más bien aproximarnos a la historia de esa clase para registrar el balance que la lleva a "inventar" partidos y no "el" Partido, el tratamiento de nuestras fuentes nos exige (aunque se trate de aquellas ya conocidas) un cambio de dirección importante. La opción es incómoda porque mucho cuenta aquí la habilidad con que se maneje el material disponible y la claridad que se tenga del aparato analítico que se le piensa aplicar. Lo último sería un corolario de qué pensamos describir y evaluar: ¿El grado de articulación del trabajador a la estructura de la producción, a través de una determinada dinámica de la explotación, y la respuesta posible; o, la forma en que se construye un proyecto alternativo de clase hacia la base material, pero no desde la base material?

Sinceramente creemos que Mario Oliva hace uso de ambas dimensiones, pero finalmente optó por enfatizar en la segunda. Y ésto por qué: sencillamente porque en su trabajo hay un fuerte interés por el rescate de los aspectos culturales que configuran el dato cotidiano de cómo la clase trabajadora (y no sólo el obrero) hace frente al proyecto de la clase dominante. Por ello, más que historia (económica, política o social) del Movimiento Artesano-Obrero-Urbano, el autor nos hace una historia de la cultura de dicho grupo social. Alguien podría creer que se trata de un enfoque "culturalista" pero, dichosamente, no es así porque aquí la cultura no es un dato muerto, sino un elemento en constante movimiento que se crea y se recrea desde la protesta callejera, hasta la lectura en voz alta, pasando por las angustias diarias del trabajador y su familia para mantenerse a flote. Y esta forma de "historiar" era inusual en Costa Rica, ya que el testimonio escogido y su estilo de engarzarlo en el argumento le permite al lector darse cuenta de que el protagonista histórico es un hombre de carne y hueso y no simplemente un componente más de cualquier sindicato, partido político o asociación desconocida.

Podría argüirse, por otro lado, que el autor no nos hace Materialismo Histórico. Algún comunista acartonado podría añadir además que las preocupaciones del autor por rescatar las expresiones anarquistas de las clases desposcídas en Costa Rica, durante los años bajo estudio: ésto es 1880—1914, son merecedoras de nuestra total desconfianza. Tales acotaciones deberían tenernos sin cuidado pero se han hecho. Y se han hecho por aquellos que siguen creyendo que el volumen de la tasa de plusvalía es un elemento que dogmáticamente está por encima de los sufrimientos de los hombres que la producen. Más aún, se hacen por aquellos que nunca se han preocupado por reconstruir la historia de ambos ingredientes y su real articulación. De aquí que creamos que, si en el libro de Mario Oliva las fuerzas materiales de la producción, sus espasmos, no conducen necesariamente a la transformación de las relaciones sociales entre los hombres, el rescate de cómo se expresan éstas es más plausible porque el sujeto histórico ha sido puesto en el lugar que le correspondía.

IV. EN DEFENSA DE LA CRITICA.
(Contexto bibliográfico).

El libro de Mario Oliva viene a ubicarse en un contexto bibliográfico definido por dos parámetros importantes: uno nacional y otro internacional. Al interior del primero, tal libro completa y supera sustancialmente dos textos anteriores de relevancia: el de Vladimir de la Cruz y el de Carlos Luis Fallas Monge.[3] Al interior del segundo, el autor ha reconocido su deuda con historiadores de la talla de Edward P. Thompson. Detallaremos a continuación algunos aspectos de nuestra valoración al respecto.

En un artículo ya mencionado (véase cita número 2 de este prólogo) sosteníamos que los libros de los dos primeros autores componían los pilares de lo que, ahí mismo, llamábamos la Historia Institucional del Movimiento Obrero, o del Neopositivismo Obrerista en Costa Rica. En esa ocasión decíamos que una de las características esenciales de tales trabajos —los cuales, a pesar de haber sido redactados por autores con posiciones políticas radicalmente distintas, extrañamente coinciden teórica y metodológicamente en el tratamiento del material historiográfico investigado—, era su inconsecuente localismo. Con esto queríamos decir, y lo reiteramos ahora, de que para ambos escritores la Historia del Movimiento Obrero pareciera haberse detenido con el colapso de la Tercera Internacional. Si en De la Cruz hay un recurrente afán por reconstruir la historia de la clase desde sus expresiones institucionales; en Fallas Monge está presente esto también pero en él hay algo más: un cuestionamiento idílico de la lucha de clases en Costa Rica, necesario desde la perspectiva política en que el autor se ubica. Lo triste es que en De la Cruz ni siquiera aquello está presente; y ello es atribuible a que para ambos historiadores, en una actitud

---

(3) Respectivamente: *Las luchas sociales en Costa Rica (1880—1930)*. (San José: ECR. 1980) y *El Movimiento Obrero en Costa Rica (1830—1902)*. (San José: EUNED. 1983).

iconoclasta que consideramos peligrosa, la Historia del Movimiento Obrero que debería escribirse en Costa Rica, absolutamente nada tiene que ver con la que se está impulsando en los grandes centros mundiales generadores de directrices en ese sentido, de Europa y Estados Unidos. Para ninguno de nuestros dos autores fue necesario nunca leer a hombres como Edward P. Thompson, Erick J. Hobsbawm, Sheila Rowbotham, John Foster, Raphael Samuel, Eugene Genovese; o utilizar revistas como la *New Left Review,* la *Radical History Review* o el *History Workshop Journal.* Sostenemos que esta flaqueza bibliográfica debe ser razonada en el caso de De la Cruz a partir del momento en que su Marxismo es un apéndice de su práctica historiográfica [4]. Tal asunto impide acercarse al Marxismo europeo desde una actitud crítica y reposada, lo que legitima la tendencia hacia el localismo y hacia un "enconchamiento" erudito que niega "ad portas" todo lo que ese Marxismo tiene que ofrecer. Bajo la pobre excusa de que al tratarse de realidades distintas, dicho Marxismo puede convertirse en una transferencia mecánica de conceptos, métodos y problemas, se evade la responsabilidad que supone hacer avanzar la Historia del Movimiento Obrero en Costa Rica desde la quiebra de la Tercera Internacional, sin olvidar pasar por Hungría (1956); o Praga (1968); hasta Nicaragua (1979). Y éstos han sido trascendentales capítulos en el empuje que ha tenido la Historiografía del Movimiento Obrero en Gran Bretaña, por ejemplo [5]. Para los centroamericanos, desgraciada o dichosamente, la Revolución Nicaragüense aún no genera ese tipo

---

(4)   René Zavaleta Mercado. "Problemas de la cultura, la clase obrera y los intelectuales". En Pablo González Casanova (Ed.). *Cultura y creación intelectual en América Latina.* (México: Siglo XXI. 1984). P. 294.

(5)   La mayor parte de la obra de los grandes historiadores británicos del Movimiento Obrero está traducida el Español. Todo es querer buscarla y hacer el esfuerzo por leerla. Sobre las revistas mencionadas existe una excelente selección hecha por Rafael Aracil y Mario García Bonafé, titulada: *Hacia una historia socialista.* (Barcelona: Ediciones del Serbal. 1983).

dc crisis intelectuales; pero no es desde posiciones obsecadamente doctrinarias como vamos a defender una determinada forma de hacer historia en Costa Rica. Menos aún cuando, al taparnos ex profeso los ojos, queremos ignorar que tales crisis pueden romper el frágil cristal de una defensa de partido que se antepone a la ciencia.

En el caso de Fallas Monge, las deficiencias bibliográficas son el resultado de su total falta de interés por las innovaciones teóricas o metodológicas en su campo de estudio. Aunque perfectamente justa, esta opción sólo nos deja armados con las necesidades empíricas que el historiador tendrá siempre con respecto al pasado, pero que contribuyen muy poco para ayudarnos a transformar el presente.

Para Mario Oliva, por otra parte, las preocupaciones teóricas o metodológicas de nuevo curso no vienen estatuídas por criterios de partido o de una militancia inmediatista, lo que le facilitó enormemente su acercamiento al Marxismo europeo sin derivar en posiciones doctrinarias cautelosas o desconfiadas. Sin pretender ser marxista, Mario Oliva toma lo mejor y lo aplica al caso de Costa Rica con un logro que realmente convence. Su aplicación no la medimos a partir de unas cuantas citas de Thompson o de Hobsbawm que se encuentran en varias partes del texto, sino a partir del tratamiento que se hace de las fuentes disponibles. Al documento no se le pide que hable por sí solo, se le hace hablar; y este modesto acuerdo con el documento tiene un impacto considerable sobre la forma en que se construye el discurso histórico. Porque ya no se trata de una sumatoria de proclamas de partido o de testimonios periodísticos, sino sobre todo del rescate del existir cotidiano, vital, de los hombres que componían a la clase trabajadora en Costa Rica; y esto, Mario Oliva lo logra utilizando fuentes que hasta ahora habían pasado desapercibidas, como la poesía de tema popular; o reinterpretando algunas poco o mal trabajadas, como la prensa propiamente obrera. Mas toda esta dinámica del quehacer historiográfico nos introduce en un problema que desarrollaremos a continuación.

V.   ¿ABSTRACCION VS. EXPERIENCIA?

Existe una característica determinante del pensamiento historiográfico marxista más reciente, y es aquella en la que ha sido puesto en claro que aquel no es sólo "económico" o "sociológico", sino ambos a la vez [6]. Esto ha supuesto la estigmatización de todo aquel historiador que al no trabajar dentro de la convergencia de ambos aspectos, viene a ser acusado de unilateral, culturalista, factualista y finalmente, pero sobre todo, anti-revolucionario.

Si partimos de la base de que en Costa Rica, a los ojos de los intelectuales, la clase trabajadora, más que una amenaza revolucionaria potencial es un "problema social", estaríamos tentados, y de hecho así ha sucedido, a aproximarnos a su estudio desde una óptica organizativa en la que ha privado el enfoque factual. El fenómeno se ha producido a raíz de que siempre se ha ignorado el hecho de que crear teoría sin "datos" es ignorar que es precisamente la teoría la que les da el carácter de tales a estos últimos [7].

La confusión ha sido tal entonces que el sociólogo, el abogado, el economista y hasta el agrónomo, se han puesto a escribir historia partiendo, ya sea del predominio del esquema teórico preconcebido en el cual los "datos" deben encajar a la fuerza; o ya sea desde el culto al "dato", a partir del cual es posible obtener derivaciones teóricas. El problema aquí no es sólo de procedimiento: tiene que ver con la actitud que el científico social asuma frente a las respuestas políticas que espera recibir con su labor. Esto no quiere decir que el Historiador, por ejemplo, siga las respuestas que espera encontrar, ya que realmente lo que importa es tener clara la interdependencia que se opera, en las investigaciones rigurosamente históricas, entre la forma en que se lee el material a

---

(6)   E.J. Hobsbawm. "Karl Marx's contribution to Historiography". En *Ideology in Social Science*, por Robin Blackburn (ed.). (Londres: Fontana/Collins. 1979). P. 279.

(7)   Gareth Stedman Jones. "History: The poverty of Empiricism". En Robin Blackburn (ed.). Op. Cit. P. 113.

utilizar y la forma en que la teoría es construida. Por eso es que la relación entre Historia y Teoría, si ha de ser fructífera, deberá tener dos vías de acceso. O que los historiadores se involucren ellos mismos en la producción teórica, sin tomar nada como cierto, utilizando el conocimiento histórico a manera de apoyo en la prueba de sus hipótesis. O que la labor del historiador sea el dispositivo para que algunas categorías teóricas, de curso corriente en otras ciencias sociales, sean redefinidas: tal es el caso de la teoría del valor para los economistas o la lucha de clases para el sociólogo. De aquí que el potencial teórico de un determinado proyecto historiográfico venga definido no por sus recursos expresivos sino por la complejidad de los problemas que busca explorar [8]. Es ahí donde reside precisamente la brillantez de una obra como la de Edward P. Thompson [9].

Podemos decir, entonces, que en el trabajo de Mario Oliva no hay grandes vuelos teóricos no porque el autor no lo haya querido así, sino porque su intención fue desde un principio la investigación de un estadio concreto del desarrollo de la clase trabajadora en Costa Rica, partiendo fundamentalmente de la utilización de lo que Jerzy Topolsky llama HIPOTESIS FACTOGRAFICAS [10].

Este tipo de hipótesis curiosamente permite cierto nivel de desideologización del discurso y hace difícil atrapar al autor en sus intenciones políticas no confesadas. No obstante, a diferencia de lo que hemos llamado la Historia Institucional del Movimiento Obrero (en la cual hay una insistente inclinación por confundir el nivel de lo social —de las relaciones de clase y de lucha entre ellas y de lo social-institucional— es decir, de la sociedad civil —con el plano de

---

(8)   Raphael Samuel. (Ed.). *People's history and socialist theory.* (Londres: Routledge and Kegan Paul. History Workshop Series. 1981). P. 51. Véase el prefacio del editor.

(9)   *The Making of the English Working Class.* (Londres: Penguin Books. 1980. La primera edición es de 1963). Véase también de Ellen Meiksins Wood. "El concepto de clase en E.P. Thompson". *Cuadernos políticos.* (México: ERA. Abril—Junio. No. 36. 1983). PP. 87—105.

(10)   *Metodología de la Historia.* (Madrid: Ed. Cátedra. 1982). P. 286.

lo político-institucional— o sea, la actividad de los partidos y del aparato estatal; situación ésta que se encuentra en la base de planteamientos insuficientes que han predominado en las polémicas relativas a la formulación de una teoría del partido revolucionario)[11], Mario Oliva alcanza más bien, a través de un hábil manejo de la noción de clase "thompsoniana", a reconstruir la protohistoria de ese mismo partido revolucionario.

Debemos confesar no obstante que, no compartimos en su totalidad el estironazo que E.P. Thompson le ha asestado al concepto de clase, no por el hecho de que el perfil heurístico del mismo tienda a ubicarse en el nivel de la superestructura sino, porque dicho tratamiento supone un principio lógico que resulta tener implicaciones políticas de cierta envergadura. Veamos:

(P) Las relaciones de producción no determinan mecánicamente la conciencia de clase.

(Q) La clase no puede ser definida únicamente en términos de las relaciones de producción.

Podríamos aceptar que (P) es cierto, pero (Q) no se sigue necesariamente de esa certeza. Estamos convencidos de que es posible definir el concepto de clase de una manera casi matemática por referencia a las relaciones de producción, pero, no debemos inferir de allí que la cultura y la conciencia de clase pueden ser deducidas desde su posición objetiva al interior de aquellas.

Respondiendo a las críticas de los althuserianos, Thompson pareciera cometer el mismo error que señala en estos de aceptar que si (P) es verdadero entonces (Q) es verdadero, de donde se desprende una negativa de (P) sobre la base de una negativa de (Q), y de esta forma se erige un marxismo mecánico que opera idéntico al de Althusser.

---

(11)   Carlos Pereyra. *El sujeto de la historia.* (Madrid: Alianza. 1984). P. 196.

El conflicto de Thompson decididamente es con (P), sobre lo cual no tendríamos ninguna objeción, pero creemos que se equivoca cuando supone que aquel que rechace (Q) está entonces contra (P), lo cual sostenemos es totalmente falso [12].

Los trabajadores componen aquella clase subordinada de productores que deben vender su fuerza de trabajo a fin de poder subsistir. Esta definición, aunque defectuosa, concibe a la clase con referencia a la posición de sus miembros en la estructura de la producción y les asigna derechos y deberes efectivos. La posición de una persona dentro de una determinada clase social, se establece por su situación objetiva al interior de las relaciones de propiedad, a pesar de lo complicado que pueda resultar definir nítidamente dicha situación.

La conciencia de clase, el quehacer cultural y político de los hombres no deberían entrar en la caracterización de una cierta ubicación de clase, pues estas exclusiones son esenciales a fin de preservar el carácter sustantivo de la tesis de Marx de que la posición de clase condiciona la conciencia, el quehacer cultural y político de los individuos [13].

Es por estas razones que el trabajo de Mario Oliva no puede ser considerado como un trabajo de análisis marxista, pero su gran contribución consiste en que habiendo dado su justo valor al rescate del testimonio histórico (habiendo sabido leerlo) y utilizando un concepto de clase social novedoso y de gran riqueza explicativa, aunque no lo compartamos del todo, ha puesto seriamente en entredicho hasta qué punto para un historiador serio la relación entre abstracción y experiencia sigue siendo problemática.

---

(12)   Véanse al respecto las explicaciones de: G.A. Cohen. *Karl Marx's Theory of History. A defence.* (Oxford: Oxford University Press. 1979). Cap. III. También de Andrew Levine y Erick Olin Wright. "Rationality and class struggle". *New Left Review.* (Londres: Sep. Oct. 1980. No. 123). PP. 47—68; finalmente de Richard Johnson: "Edward Thompson, Eugene Genovese and the Socialist-Humanist History". *History Workshop Journal.* (Oxford: Otoño de 1978. No. 6).

(13)   Derek Sayer. *Marx's Method. Ideology, Science and critique in "Capital".* (Sussex: The Harvester Press. 1979). Parte IIIa.

VI. NUESTRAS INQUIETUDES. (A manera de conclusión)

Como el lector habrá podido notar, nuestras preocupaciones son múltiples y de muy diversa naturaleza; están implícitas en lo que hemos escrito hasta ahora. En este momento, nos interesa hacer sobresalir una única cuestión: sinceramente esperamos que el presente libro de Mario Oliva logre superar el silencio sepulcral con que siempre reaccionan los patriarcas de la historiografía nacional (indistintamente de su signo político), frente a cualquier presencia un poco herética que atente contra sus posiciones canónicas.

Estamos seguros que ésta no será la última avanzada importante con que Mario Oliva nos vaya a beneficiar, pero sí estamos convencidos de que le serán ofrecidas dos alternativas de las cuales, responsablemente escogerá una, viéndose obligado a llevarla hasta sus últimas consecuencias, si sus pretensiones son producir honestamente y sobrevivir en la jungla que en realidad es la academia en Costa Rica.

Mario Oliva está plenamente consciente de que le será ofrecido el enorme y atractivo caramelo de la cultura oficial. Convertirse en una cortesana de la historiografía nacional es un riesgo que no puede correr: a no ser que quiera suicidarse académicamente. Teniendo claro eso, es que sabemos que la llegada del premio de ensayo histórico no ha alterado para nada su habitual modestia y ecuanimidad.

Por otro lado, Mario Oliva sabe que resulta más cautivador insistir en la senda creativa que ha escogido, llena de posibilidades intelectuales, de independencia y libertad, totalmente ajena para aquellos que tienen una deliciosa y fácil propensión a convertirse en corifeos del primer hijo de vecino con habilidad para sacar conejos de una chistera.

Estando tan seguro de sí mismo como lo está, lo demás no importa; puesto que la integridad y la ética político-profesional que siempre lo han caracterizado son un armazón lo suficientemente consistente como para otear en el horizonte a un historiador de muchos quilates.

Mario Oliva conoce también la dimensión de la tarea en la que se está metiendo, sobre todo cuando en los terrenos en los que pretende ejecutarla se va a encontrar con algunos que vociferan la propiedad privada de los mismos predios; aquellos que ni pican la leña ni prestan el hacha.

Todas estas consideraciones éticas es importante hacerlas porque, el que ésto escribe, ha sufrido en carne propia lo que es enfrentar los intentos desesperados de ser embozalado por los que escamotean la polémica enlodando al polemista a sus espaldas.

Definitivamente, mientras el comadreo no habra paso a la discusión fuerte pero precisa, a la puesta a punto de lo que pensamos del trabajo de nuestros amigos en la lucha, el oportunismo de aldea seguirá haciendo estragos en las filas de la intelectualidad costarricense. Por eso, fraternalmente, le deseamos a Mario Oliva un viaje sin novedad a través de las tiendas del califato en que ha sido convertida hasta ahora la Historia del Movimiento Obrero en Costa Rica.

¡Buena suerte, compañero!

Rodrigo Quesada Monge.
San José, Costa Rica. Mayo de 1985.

INTRODUCCION

LA HISTORIOGRAFIA OBRERA

Dentro de la materia por la que se preocupan los científicos sociales y en particular el historiador social, el estudio del movimiento obrero es un terreno preferencial.

Desde hace por lo menos veinte años para acá; tanto en Europa como en nuestro continente se realizan coloquios, seminarios, congresos y encuentros periodísticos al respecto. En países como Inglaterra, Italia, España, y en casi todos los países de Europa del Este se han fundado y multiplicado los centros de historia social y los institutos dedicados a la historia del movimiento obrero [1].

---

(1) Algunos de estos institutos o centros son: "The Australian Society for the Study of Labor History, de Australia; The Society for the Estudy of Labor History, de Inglaterra; Instituto del movimiento obrero internacional, U.R.S.S.; Centro de Documentación histórica del Instituto de Estudios de la Sanidad y de la Seguridad Social de España; Instituto del Movimiento Obrero Polaco y otros.

En América Latina, sin duda, México y Cuba son los más adelantados y preocupados por recuperar la historia obrera; en términos cuantitativos se ha logrado un gran avance aunque queda, desde luego, mucho por hacer. Colateralmente se ha montado una infraestructura que abarca entre otras cosas: instituciones de historia social y laboral así como las sociedades de investigación, las cuales han jugado un papel importante localizando, recopilando y clasificando todo el material documental a su alcance, para rescatar y conservar el gran acervo histórico del movimiento obrero de los diferentes países que alcanza no solo fuentes primarias sino también secundarias. Se editan publicaciones periódicas que estimulan a las nuevas generaciones de intelectuales preocupados por el tema; se destinan recursos financieros para preparar científicos especializados; en suma, una infraestructura que permita a los investigadores tener las condiciones mínimas para trabajar. El proceso está en marcha.

Un rasgo distintivo de la historia académica costarricense es que ha dedicado decenas de libros y toneladas de papel a publicar la obra y biografía de los políticos (presidentes, ministros, generales), concepción histórica que pone como protagonista y motor de la historia al gran estadista, el cual (supuestamente) esculpe con sus manos el devenir histórico. "No es difícil darse cuenta que esta historia que todo lo reduce a la actuación de los primeros actores no es satisfactoria" [2].

Promediando la década de los setenta aparecen estudios que podríamos calificar de precursores de la historia obrera en Costa Rica como la obra de Carlos Monge Alfaro *Nuestra Historia y los Seguros* [3], el cual nos ofrece un panorama general de las acciones del naciente movimiento obrero costarricense de las primeras décadas del siglo XX.

(2)   Este tema está desarrollado con amplitud por FONTANA, José. *La Historia*. Editorial Salvat, Barcelona, 1973, pág. 36 y siguientes.

(3)   MONGE Alfaro, Carlos. *Nuestra Historia y los Seguros*. Editorial Costa Rica, San José, 1974.

La figura del historiador Vladimir De La Cruz pasa a ser el hito de indiscutible trascendencia en especial desde la publicación en 1980 del mejor trabajo aún hoy disponible: *Luchas Sociales en Costa Rica 1870—1930* [4]. El estudio de Vladimir De La Cruz, a quien tanto debemos, significó un cambio con relación a la historia académica tradicional, ya que desde ese momento los trabajadores pasaron a formar parte de la historia de la sociedad costarricense.

Luego vendrán por lo menos una docena de jóvenes historiadores y científicos sociales que tenían una misma y común preocupación: la de arrojar luz sobre unos protagonistas de la historia que apenas son mencionados en ella [5]. Aquí se nos habla de unos hombres o grupos de hombres olvidados, ocultos por la historiografía tradicional, de sus luchas, de sus esfuerzos de organización, su forma de pensar y actuar, de aquellos hombres y mujeres, que con su trabajo han contribuido a la prosperidad del país. El obrero, el campesino, y el hombre sin apelativos que vive de su trabajo, es decir, los hombres que en el país carecían de historia propia, o bien, aparecían escuetamente bajo el título de pueblo, entran desde hace diez años de lleno en la historia escrita de Costa Rica.

A pesar de la importancia del movimiento obrero costarricense este ha sido poco estudiado en el sentido cabal del término. Parte de este vacío se relaciona con el hecho de que el interés que ha despertado este fenómeno es relativamente reciente.

El cultivo de este género de historia, a nuestro juicio es tanto en el extrajero como aquí, respuesta dada a la historia tradicional, que prestaba y presta atención exclusiva a los gobernantes y a las clases dominantes, un vistazo a nuestra

---

(4)   DE LA CRUZ, Vladimir. *Luchas Sociales en Costa Rica 1870—1930*. Editorial Costa Rica y U.C.R., San José, 1980.
(5)   PEREZ DE LA RIBA, Juan. *Para la Historia de las Gentes sin Historia*. Editorial Ariel, Barcelona, 1975, pág. 5.

historiografía nos muestra la vigencia de esta última práctica. Por otro lado, los historiadores intentan sacar la disciplina de la historia de su posición hasta ahora conservadora, reaccionaria y puesta al servicio de las clases en el poder. Justificación válida, ayuda a explicar el creciente interés que despierta el estudio del movimiento obrero en los círculos académicos, pero a veces se le pretende usar para escamotear la existencia de unos problemas teórico-metodológicos que el historiador debe plantearse y tratar de resolver [6].

El desarrollo de este nuevo enfoque contiene un peligro si no se toma las precausiones pertinentes y es que se puede caer en lo que señala el historiador español José Fontana: es decir, traslado de métodos de la historia tradicional aplicados a la historia del movimiento obrero [7]. Los libros de la historia oficial, que ayer guardaban sus páginas a los presidentes, ministros, o personajes políticos, ahora lo ocupan los dirigentes obreros, el campo que se dedicaba a explicar una batalla, hoy se ocupa en una huelga. Pareciera que cambiando al protagonista objeto del estudio, no podremos resolver las limitaciones de la historia tradicional.

Mayoritariamente los trabajos de la historia del movimiento obrero en el país han girado en torno a la concepción convencional sobre el tema, cosa que ha reducido la categoría del movimiento obrero a la historia de las organizaciones y su actuación. Se comienza con la estructuración de los primeros gremios, sociedades mutualistas, liga de obreros y se continúa con los sindicatos, partidos y congresos.

---

(6) Véase FONTANA, op.cit, págs 39—42. También PRIETO Arsianiega, A.M. *La Historia como Arma de la Reacción.* Editorial Akal, Madrid, 1976, págs. 89—92.

(7) El párrafo completo dice: "La mayor parte de los estudios que se dedican a estas materias no son más que transposiciones de métodos tradicionales de la historia política, sin más que cambiar los personajes de la trama". FONTANA, op.cit., pág. 39.

Dentro de esta concepción de la historia del movimiento obrero puede ubicarse otra variante, y es el estudio de protesta en su versión más fácil de aprender, la huelga. En una palabra, lo que estamos haciendo es historia de las organizaciones y protestas obreras, de la cual debemos irnos desprendiendo y superando [8].

Poco o nulo ha sido el estudio de la clase obrera como tal, o sea, las condiciones económicas, técnicas, cultura, vida cotidiana, intensidad de trabajo, niveles y modos de vida, mentalidades, ideología, conciencia de clase, etc. Esto último, es lo que renueva hoy la disciplina histórica en esta materia, y supera las limitaciones de la historia tradicional de viejo cuño (que nos habla de los gobernantes) y a la nueva que intenta afincarse en nuevos terrenos que tiende a confundir la clase entera con la acción sindical. Cabe advertir, que las organizaciones en cualquiera de sus variantes no son la realidad colectiva de la clase ni del movimiento obrero en su conjunto.

Quizás una de las mayores debilidades de nuestra historiografía social, es que hemos sido incapaces de abordar la historia obrera a la luz de los avances nada despreciables que se han hecho, por lo menos, en los últimos veinte años en otras latitudes; que han permitido tener una visión más sustanciosa del hombre desde sus luchas por la vida hasta sus manifestaciones culturales. Es posible que esto se explique por la juventud que aún tiene la historia social en el país. Pero la tarea espera a sus constructores.

---

(8)   GODIO, Julio. *Historia del movimiento obrero Latinoamericano.* Editorial Nueva Imagen, Tomo I, (fotocopiado) pág. 1 y siguientes. "Considera que los estudios latinoamericanos sobre movimiento obrero en nuestro continente tienden a ser: historia épica, esto quiere decir registro cuantitativo de la acción de los trabajadores". Afirmación vigente en el caso nuestro, se necesita una historia de la formación de la clase obrera y su relación con otras clases.

Claro que todo esto no está exento de problemas objetivos para su desarrollo en el país; entre otros: falta de infraestructura que permita trabajar a los investigadores con mínimo de condiciones materiales, los recursos humanos capacitados teórica y metodológicamente para abordar tales temas son escasos, y una parcial o total despreocupación de instituciones universitarias y afines, sindicatos, partidos políticos, etc. La limitación más seria puede alguien argumentar, con razón, estaría en las fuentes disponibles.

Aquí nos enfrentamos en primer lugar, a que la mayoría de las fuentes o materia prima que utiliza el historiador han sido seleccionadas, controladas, organizadas, por los sectores dominantes. No se puede ignorar o desechar a priori esas fuentes, pero el peligro está a la puerta. El historiador cubano Moreno Fraginals tiene razón, sin duda, cuando sostiene que "hay que ir hacia aquellas riquísimas fuentes que la burguesía eliminó del caudal histórico por ser precisamente las más significativas" [9].

En el país tenemos fuentes archivísticas de gran utilidad y que no han recibido la atención suficiente por parte de los investigadores. Dentro de esa riqueza enorme y que permanece prácticamente intocada, tenemos: la colección de publicaciones parlamentarias con sus actas y peticiones, cuyo valor es inagotable; complementada con informes y estudios de particulares o diputados sobre la situación general de los trabajadores. Sumamos a esto los diferentes informes de secretarías de estado, contamos con censos de población, con informes sobre ocupaciones, talleres y fábricas, alfabetismo, etc. Agreguemos la cantidad de publicaciones que se dirigen a las clases trabajadoras sobre todo a partir del último cuarto del siglo XIX: periódicos, revistas, hojas sueltas; una literatura de contemporáneos que permite recrear el ambiente de

---

(9)   MORENO Fraginals, Manuel. *La Historia como Arma.* Editorial Grijalbo, Barcelona, 1983, pág. 16−23.

las ciudades y las diferencias regionales; un sinnúmero de organizaciones y agrupaciones, muchas de los propios trabajadores, otras de personas preocupadas por su suerte, fuentes posibles de un análisis útil. Otras de incuestionable valor son la colección de Leyes y Decretos, los archivos judiciales y la historia oral. Tomando en cuenta para esta última la enseñanza de Pierre Vilar: "el testimonio es reconstrucción del recuerdo. La historia es reconstrucción en base al documento. Pero los límites entre estas dos representaciones del pasado no son muy estrictos. Hay recuerdos razonados y narraciones históricas muy subjetivas" [10].

Así que en términos generales la documentación es rica, pero también diversa, y se complica su utilización o manejo por su dispersión geográfica. Sin embargo, la situación es mucho más difícil cuando tratamos de hablar de aquellos sectores no organizados y que forman parte de la historia obrera que hay que edificar. Reflexionemos por ejemplo en sectores tan importantes como las mujeres, los niños incorporados al trabajo [11], o pensemos en la minimización de la población con ocupaciones inestables o en los grupos permanentemente desocupados que los censos no registran.

Aquí hay que dirigirse por otros caminos y utilizar otros métodos. HOBSBAWM enseñó por ejemplo, que la arqueología puede ayudarnos impulsando estudios sobre la

---

(10) VILAR, Pierre. *Metodología histórica de la guerra y revolución española.* Editorial Fontamara, Barcelona, 1980, pág. 70.

(11) Toda la tradición historiográfica británica que encabezan historiadores de la talla de HOBSBAWM, Eric. *Trabajadores.* Editorial Grijalbo, Barcelona, 1979. *BANDIDOS.* Editorial Ariel, Barcelona, 1979. THOMPSON, Edward. *La Formación de la Clase Obrera Inglaterra: 1780–1832.* Editorial LAIA, Barcelona, 1977. THOMPSON, Edward. *Tradición, Revuelta y conciencia de clase.* Editorial Grijalbo, Barcelona, 1979; constantemente nos hablan de aquellos sectores que permanecen por debajo de toda documentación.

vivienda obrera, que es todo un sistema, un modo de vida [12]. Se hace necesario interrogar la poesía [13], los himnos, canciones, el chiste político, la caricatura jocosa que comienza a desarrollarse a fines del siglo XIX.

Hay que interrogar la taquilla o taberna, los vestidos, sus celebridades, todo esto para que como lo advierte Eric Hobsbawm "hay que seguir a las gentes en sus silencios, procesos de opción, en sus compras, en el ambiente que eligen" [14].

Todo lo anterior requiere, confesémoslo, una enorme capacidad reflexiva que impide cualquier pretensión de prepotencia individualista. Desgraciadamente la época del trabajo colectivo aún no se deja ver en el país.

Esta vez no he traído otra cosa que algunas reflexiones de los problemas que son necesarios y posibles de investigar, intento de amarrar interrogaciones que pudieran tener sentido para orientar las búsquedas.

---

(12) He retomado muchas de las sugerencias y enseñanzas de Eric Hobsbawm y tratado por mi práctica investigativa de su posible utilización en el país. Los trabajos que más ocupamos fueron: *Las Revoluciones burguesas.* Tomo 2, Editorial Labor, 5ta edición, Barcelona, 1978, págs. 358–386. *Trabajadores.* Editorial Grijalbo, Barcelona, 1979.

(13) Recientemente hemos concluído una selección de poesía social del período 1850–1900 en Costa Rica. Uno de nuestros objetivos era mostrar la posible utilización del verso como testimonio histórico social. La sección dedicada a los trabajadores muestra la riqueza de la fuente para la historia obrera costarricense. OLIVA, Mario y QUESADA, Rodrigo. *Poesía de tema popular 1850–1900.* (inédito) 1984.

(14) HOBSBAWM, Eric. "Las clases obreras inglesas y la cultura desde los comienzos de la Revolución Industrial". *En Niveles de Cultura y grupos sociales.* Editorial Siglo XXI, España, 1977, pág. 200.

ARTESANOS Y OBREROS URBANOS: 1880–1914.

Ahora una observación que, por preliminar que sea nos permitirá precisar de una vez nuestra problemática: abordamos aquí el origen y el desarrollo del movimiento artesano-urbano costarricense en el período entre 1880 hasta 1914 y no con respecto al conjunto de los trabajadores costarricenses.

Las primeras concentraciones masivas de trabajadores tuvieron lugar cuando se iniciaron los trabajos de construcción de la línea férrea al Atlántico, promediando el último cuarto siglo XIX, reforzado todo esto con el acondicionamiento de puertos y la implantación del enclave bananero, con características típicamente capitalistas[15].

Sin embargo, la organización, la prensa, bibliotecas, salas de lectura, escuelas nocturnas y otras manifestaciones culturales de los trabajadores no se originaron en esos núcleos capitalistas sino en los centros urbanos promovida por artesanos dueños de talleres, artesanos asalariados, proletarios industriales y un puñado de intelectuales.

Tanto para las urbes del siglo pasado como en las de principios de este siglo, no se puede hablar de un desarrollo industrial significativo, aunque a comienzos del siglo XX se vislumbra la fundación de algunas manufacturas e industrias de mediano tamaño dedicadas a producir bienes de consumo ligero: jabones, velas gaseosas, cervezas, calzado, etc., que se destacan como una isla en un mar de pequeñas empresas artesanales.

El número de obreros industriales era significativamente menos que el de artesanos, y el trabajo revestía un marcado tinte artesanal.

---

(15) En estos sectores productivos se produjeron varias huelgas importantes en el siglo XIX, algunas de ellas forman parte de la memoria popular recuperada (como son las huelgas de los chinos en 1874 e italianos en 1888), otras esperan ser sacadas del anonimato. Véase para ésto ampliamente expuesto, DE LA CRUZ, op.cit., pág. 28–35. FALLAS, Carlos. *El Movimiento Obrero en Costa Rica 1830–1902*. Editorial EUNED, San José, 1983.

Lo que se desarrolla a partir de los años ochenta del siglo XIX en adelante, tanto De La Cruz en sus estudios [16] como recientemente Carlos Luis Fallas en su libro (ya citado), distinguen este movimiento social iniciado por los trabajadores urbanos con el nombre de "movimiento obrero" cuando en los hechos nos enfrentamos con un movimiento del artesanado y no del proletariado.

El investigador del tema y el período necesariamente tendrá que tratar de aclarar las diferencias existentes entre artesanos y proletarios. Esta distinción que puede resultar fácil de establecer teóricamente e históricamente, es mucho más complicada de captar y precisar cuando se trata del manejo de la materia prima con que cuenta el historiador para elaborar y obtener su producto. Tanto en los censos, anuarios estadísticos u otra información cuantificable, como en la literatura de la época en general sobre la temática no ven la diferencia entre un artesano, propietario o jornalero. Sin embargo, en el transcurso de la estructuración del material van quedando al desnudo las múltiples diferencias entre ambas clases sociales. Sus relaciones sociales de producción, intereses políticos, formas organizativas, estrategias y tácticas, origen, culturas, y sus condiciones generales de vida son diversos[17].

---

(16)   Puede verse de este autor: *Las Luchas Sociales en Costa Rica 1870–1930* ya citado, y, *El Primero de Mayo de 1913.* (trabajo presentado en la primera reunión de la Asociación Mundial de Autores de estudios históricos y sociales del movimiento obrero; celebrado en México del 13 al 19 de octubre de 1979 (mimeo). "Tendencias en el Movimiento Obrero costarricense, 1870–1930". En *Revista Revenar,* No. 5, San José, febrero-julio 1980.

(17)   El nudo metodológico para la elaboración de tal propuesta ha sido tomada de LEAL, Felipe y WOLDEMBERG, José. *Del Estado Liberal a los inicios de la dictadura Porfirista.* Editorial Siglo XXI y UNAM, México, 1980. De los mismos autores "Orígenes y Desarrollo del artesanado y del proletariado industrial en México: 1867–1914". En *Revista Mexicana de Ciencias Políticas,* No. 80, México, abril-junio 1975, págs 131–160 y BASURTO, Jorge. *El Proletariado Industrial en México (1850–1930).* Editorial UNAM, México, 1975. He tenido presente estos trabajos y trato de verificar, enriquecer y ampliar la problemática.

Para simplificar un debate realmente difícil diremos junto a los investigadores mexicanos Leal y Woldemberg que: los artesanos serían, en un elevado nivel de abstracción, pequeños productores de mercancías y/o servicios, que laborarían con instrumentos y técnicas rudimentarias y manuales, que observarían una división del trabajo muy escasa y que participarían en una cadena muy prolongada del aprendizaje del oficio. Por lo regular serían ellos mismos quienes controlarían el proceso de producción y venta de sus mercancías o servicios [18].

Mientras que el proletariado industrial se diferencia de los artesanos, al carecer de medios de producción, no ejerce ningún control sobre el producto final, vive del salario que recibe a cambio de la venta de su fuerza de trabajo.

Ya a fines del siglo XIX y a comienzos del siglo XX la sociedad costarricense se encuentra en transición al capitalismo; de donde resulta que los artesanos se ven amenazados, primero a la competencia de los productos manufacturados y, segundo, al desarrollo de la industria nacional en su forma manufacturera, proceso que tendía a diferenciar y descomponer a los artesanos, empujándolos —aunque muy lentamente— hacia las posiciones antagónicas del modo de producción capitalista. Así, algunos de ellos se transformaban en nuevos capitalistas a partir de sus modestos "talleres", mientras que la mayoría pasaba a engrosar las filas de los asalariados dentro de los grandes talleres o fuera de ellos [19].

Esta diferenciación y descomposición de los artesanos urbanos solo se entiende a lo largo de un dilatado proceso de transición que ni se inicia ni culmina en los años que cubre nuestro estudio. Habría que agregar que las diferenciaciones y

---

(18) LEAL Y WOLDEMBERG, op. cit., pág. 121.
(19) Estas observaciones hechas para el caso mejicano por LEAL y WOLDEMBERG, Op. Cit., pág. 122. Se evidencian claramente en el caso costarricense.

desarticulación de los artesanos podían depender de la subordinación al capital comercial, dcl oficio que desempeñaran, de los productos que produjeran, el tipo de mercado que tuvieran, de la región geográfica en la que se ubicaran y otras. Por consiguiente resulta en extremo difícil hablar de artesanos a secas, se trata de un grupo heterogéneo. Privaba en ellos tal escala jerárquica que, mientras unos bien podían ser considerados como artesanos-propietarios (con un carácter empresarial escasamente desarrollado) otros podían ser definidos como artesanos asalariados, con una significativa subordinación al capital. Entre ambos extremos se hallaba una gama más o menos amplia de artesanos que exhibían diversos grados de proletarización [20].

Por consiguiente el problema económico, su dinámica y desarrollo no es solo un simple dato, sino que se nos presenta como un elemento condicionador de las manifestaciones del movimiento artesano-obrero costarricense. El mostrarlo al margen de la evolución económica que ha configurado su conciencia y estrategia inmediata, omite las claves primordiales para llegar a comprenderlo plenamente, de aquí sostenemos que las condiciones económicas y técnicas que se manifestaban en el período no favorecieron el desarrollo efectivo de un movimiento obrero urbano, en cambio lo dificultaron y limitaron.

En segundo lugar, muchas ideas a las cuales se apegaron los artesanos y obreros, fueron las ideas dominantes en el país, o dicho en otros términos, la clase que ejerce el poder material dominante en la sociedad es, al mismo tiempo, su poder espiritual dominante. Así ocurrió con el liberalismo. Sin embargo, la hegemonía de las clases dominantes cuando

---

(20)   Ibid, pág. 124—125.

se impone con fortuna, no impone una visión de la vida totalizadora: impide ver en ciertas latitudes mientras la deja libre en otras [21]. Por los espacios que la ideología dominante no controlaba en la visión del mundo de estos trabajadores se colaría y desarrollaría una cultura vigorosa y autoactivante derivada de sus propias experiencias y recursos.

La evolución ideológica por la que atraviesa el movimiento puede trazarse del siguiente modo: desde 1880, hasta bien entrado el siglo XX, los artesanos y obreros militaron con el liberalismo, al desteñirse el liberalismo entre estos trabajadores urbanos, cuestión que se manifiesta en la incapacidad del liberalismo al no dar una respuesta positiva a los artesanos y proletarios urbanos, éstos buscan respuestas en otras corrientes del pensamiento de la época, sucesos que se notarán con mayor claridad desde finales de la primera y siguiente década de este siglo cuando aparecen y prenden las primeras manifestaciones de militancia con algún socialismo y el anarquismo. En muchos casos bajo la óptica del pequeño productor directo. A partir de la época de los diez se vislumbra la presencia de los anarquistas en el movimiento, quienes le imponen la impronta de sus métodos de acción y orientación ideológica.

El otro problema que intentaremos resolver, según ya hemos señalado, las investigaciones hasta ahora sobre el "movimiento obrero" suelen meter en un mismo saco a proletarios y artesanos. Por tanto nos preocuparemos de averiguar y precisar si se está frente a un movimiento predominantemente artesanal, o ante un movimiento básicamente proletario.

---

(21)   THOMPSON, E.P. *Tradición, revuelta y conciencia de clase.* Editorial Grijalbo, Barcelona 1979, pág. 60.

En el período no encontramos un movimiento obrero con conciencia proletaria, sino más bien, un movimiento artesano-obrero, con influencia dominante de los artesanos propietarios sobre los proletarios, tanto en su forma de organización, ideología, táctica, estrategia, por lo menos hasta la primera década del siglo XX. Al final del período es posible hablar de formas distintas o nuevas de la conciencia de los trabajadores, de sus intereses y su situación en tanto que clase.

El tránsito de un movimiento básicamente caracterizado por el predominio artesano a una etapa de ascenso (desde luego muy lento) del proletariado se vislumbra con más claridad desde la aparición de *Hoja Obrera* en 1909, reforzado con nuevas formas organizativas, tácticas, ideologías; como reflejo, por un lado, de tradiciones acumuladas a lo largo de treinta años, y por otro, de condiciones materiales contextuales que ayudan a la transición arriba mencionada.

El peso sobre el movimiento va paulatinamente cambiando de grupo, ya no serían las posiciones de artesanos empresarios las que dominarían completamente en este período (1909–1914), sino que los proletarios iban imponiendo su propio carácter al movimiento. Esto es así: "Porque la clase obrera no surge como el sol por la mañana, a una hora determinada" [22]. Se trata de un proceso de formación de la clase obrera: proceso activo que debe tanto a los elementos actuantes como a los condicionantes.

(22)   THOMPSON, E.P. *La formación histórica de la clase obrera: Inglaterra: 1780–1832*. Barcelona, LAIA, Tomo I, pág. 7.
"La clase es definida por los hombres al vivir su propia historia . . . y en el proceso de lucha se descubren como clase, y llegan a conocer este descubrimiento como conciencia de clase, la clase y la conciencia de clase son siempre las últimas, no las primeras fases del proceso real histórico".
Véase THOMPSON, E. P. *Tradición, revuelta y conciencia de clase,* op. cit., pág. 35–37.

CAPITULO I

LOS ARTESANOS URBANOS

Conocemos muy poco sobre las condiciones de trabajo y de vida en la que se desenvolvieron los artesanos y obreros urbanos costarricenses en las tres últimas décadas del siglo XIX y las dos primeras del presente siglo. Lo que sigue pretende ser una aproximación a tales problemas.

El historiador británico E.P. Thompson nos ha prevenido de cualquier simplificación sobre los artesanos al decir que: "El término artesano oculta diferencias de categorías; desde el próspero maestro de oficio, que empleaba fuerza de trabajo por su propia cuenta y era independiente de cualquier master (sic), hasta trabajadores que debían sudar a pulso la camisa" [1].

---

(1) Esta definición es particularmente útil para el estudio que nosotros realizamos; es plausible el hecho de que en el período que estudiamos, los artesanos representaban un grupo sumamente jerarquizado. THOMPSON, E.P. *La Formación histórica de la clase obrera: Inglaterra 1780–1832.* Tomo II, Editorial LAIA, Barcelona, 1977, pág. 75.

No obstante, es necesario precisar aún más lo que sigue: el artesano no solo puede ser un pequeño productor de bienes, sino que puede ocuparse en alguna actividad de servicio; que trabajaría con herramientas y técnicas rudimentarias y manuales, con una división del trabajo elemental y participa en una escala prolongada del aprendizaje del oficio. En muchos casos son los artesanos mismos quienes controlan el proceso de producción y venta de sus mercancías o servicios.

Por otra parte, encontramos diferencias sustanciales entre unos artesanos y otros; mientras unos pueden ser artesanos dueños de taller, otros pueden ser considerados asalariados, los primeros con características empresariales y los segundos subordinados al capital; entre unos y otros puede observarse un grupo que permanecía a diferentes grados de descomposición artesanal, en ocasiones el artesano, a pesar de contar con sus instrumentos de producción, entrega el producto a un comerciante bajo ciertas condiciones de calidad y precio, convirtiéndose así en una especie de asalariado.

Tal situación dificulta al extremo, el dar una aproximación precisa, ya sea de su número, como de las condiciones materiales y de vida de los artesanos de los diferentes ramos de la producción.

El origen del artesanado urbano costarricense es, sin duda, remoto. Presumiblemente en la época colonial florecieron algunos oficios artesanales[2]. Recientemente Lowel Gudmunson ha mostrado que para la década de los cuarenta del siglo pasado, en las ciudades existía un sorprendente número

---

(2)   FONSECA, Elizabeth. *Costa Rica Colonial la tierra y el hombre.* Editorial Educa, San José, 1983, pág. 77. Señala la existencia de por lo menos 27 jefes de familia con el oficio de artesanos a fines del siglo XVIII.

de oficios artesanales, oficios que eran independientes de las actividades agrícolas, mientras que en los pueblos menores la mayoría de tales actividades se llevaban a cabo dentro de las unidades agrícolas [3]. En el censo de 1864, encontramos más de cuarenta oficios artesanales urbanos.

Antes de proseguir, diremos algo sobre el desarrollo económico adoptado por Costa Rica en el siglo XIX, ya que éste incide sobre el desenvolvimiento de la producción artesanal en el país.

Una de las particularidades de la economía costarricense en relación con el resto de los países centroamericanos fue su temprano "despegue", cosa que lograría a través de la producción cafetalera y con ello, vincularse al sistema capitalista, proceso iniciado en la primera mitad del siglo XIX. El historiador Rodrigo Quesada ha planteado que este desarrollo desigual de la región y el temprano despegue de la economía costarricense es parte del proceso donde la acumulación de capital-dinero es impulsado desde afuera, dejando como saldo una inserción formal al mercado mundial en lo que el elemento agente es el capital comercial inglés, que no utiliza fuerza de trabajo local y se mueve solo al nivel de la superestructura financiera. Cuestión que se extiende por lo menos hasta los años setenta del siglo pasado; luego, según este mismo autor, comienza el período de inserción real al mercado mundial de Costa Rica, donde la estrategia de acumulación es dinamizada por el capital financiero que será el elemento motor de la acumulación a escala mundial [4].

---

(3)   GUDMUNSON, Lowell. *Costa Rica antes del café: sociedad y economía en vísperas de la expansión agro exportadora.* Tesis doctoral en Historia. Universidad de Minnesota, 1982, pág. 15.

(4)   Estas tesis son parte del Seminario sobre la obra *El Capital* de Carlos Marx, dirigido por el profesor Rodrigo Quesada. Escuela de Historia, Universidad Nacional de Heredia, 1982.

Sobre el inicio de la economía primario-exportadora, los estudiosos coinciden que éste se produjo por varios factores favorables, entre otros: Costa Rica había llegado a la independencia sin una alternativa exportadora viable, lo que hizo más fácil la expansión del café; y la ausencia de convulsiones internas importantes. Tanto el gobierno municipal como el central impulsaron la adquisición de tierras baldías y también se dictaron leyes y decretos para la disolución de la propiedad de las comunidades indígenas. En 1825 se exime al café y otros productos del pago del diezmo eclesiástico, todas estas medidas tendían a abrir camino a la expansión cafetalera [5]. Para la década de 1850 las exportaciones de café eran importantes en el contexto local: once millones para 1870, y más de veinte millones de kilos al finalizar el siglo, producción que en su mayoría se dirigía a Inglaterra [6].

La expansión de esta economía primario-exportadora, se circunscribía, en un comienzo (hasta la década de 1850) solamente al Valle Central, luego se extendió hasta Alajuela y finalizando el siglo hacia el este, impulsada por la construcción ferroviaria hacia el Atlántico, incorporando los valles del Reventazón y Turrialba.

En Costa Rica, la especificidad de la estructura agraria y la producción cafetalera no implicaron una necesaria proletarización campesina; la pequeña propiedad se bastaba con el trabajo familiar, y la mediana propiedad combinaba en todo caso, este tipo de trabajo con el empleo de un reducido número de peones estacionales. Por eso, solamente en las

---

(5) Puede verse: FACIO, Rodrigo. *Estudios sobre economía costarricense.* Editorial Costa Rica, San José, 1978, pág. 39–40. HALL, Carolyn. *El café y el desarrollo histórico geográfico de Costa Rica.* Editorial Costa Rica, San José, 1976, pág. 34–35. CARDOSO, Ciro. *La Formación de la hacienda cafetalera en Costa Rica (siglo XIX).* (Avance de investigación No. 4). Proyecto de historia social y económica de Costa Rica 1821–1945. U.C.R., U.N.A. programa centroamericano de ciencias sociales, (mimeo), 1976, pág. 34. TORRES, Edelberto. *Interpretación del desarrollo social centroamericano.* Editorial Educa, 5ta. edición, 1975, pág. 67–68, y, ACUÑA, Víctor. *El Desarrollo del capitalismo en Costa Rica: 1821–1930,* (mimeo), 1982.

(6) GUDMUNSON, op. cit. pág. 3.

épocas de la recolección del grano resultó necesario la compra de una gran cantidad de fuerza de trabajo. En tales condiciones, la pequeña propiedad continuó existiendo a la par de la hacienda cafetalera; aportando una porción del café destinado al mercado mundial y proporcionando los contingentes de fuerza de trabajo que las haciendas demandaban estacionalmente [7].

El asentamiento de esta economía se tradujo en la consolidación política de una nueva burguesía agraria, en la creación de un estado liberal, centralizado y fuerte. Vega Carballo nos dice: "Los primeros constructores del estado nacional, se esforzaron por construir un estado que ejerciera la máxima autoridad legal en el territorio, impusiera una economía nacional y estimulara un proceso paralelo de acumulación de capital en condiciones de apertura externa" [8].

Conforme la economía primario-exportadora, incorporó nuevas zonas para el cultivo del café, hizo imprescindible una infraestructura: caminos y vías de comunicación hacia los puertos. En la década de 1840 se construyó el camino a Puntarenas y en los años de 1890 se concluía el ferrocarril al Atlántico [9], aspectos que ayudan a la consolidación de la economía agro-exportadora.

La temprana vinculación de la economía costarricense al mercado mundial, fue completada con la implantación del enclave bananero a partir de fines del siglo pasado, en plena etapa imperialista del sistema capitalista. Con el fortalecimiento de la plantación bananera se desarrolla un sector importante del proletariado rural que en la segunda década de nuestro siglo comienza a jugar un papel considerable en la

---

(7)   MURGA, Antonio. "Economía primario exportadora y formación del proletariado: el caso centroamericano (1850–1920)". En *Revista de Estudios Sociales Centroamericanos*, No 32, Mayo–Agosto, 1982, pág. 54.

(8).   VEGA Carballo, José Luis. *La formación del estado nacional en Costa Rica*. Editorial ICAP, San José, 1981, pág. 79–80.

(9)   QUESADA, Rodrigo. "Ferrocarriles y crecimiento económico: el caso de la Costa Rica Railway Company. 1871–1905". *Anuario de Estudios Centroamericanos*. (San José: 1983), (por salir).

formación de una conciencia proletaria costarricense (cosa que explicaremos en el capítulo 3).

La economía primario-exportadora se inició en la primera mitad del siglo XIX y se fortaleció con gran celeridad durante el resto del siglo, como producto en parte de los esfuerzos políticos, financieros y de los beneficios de la producción cafetalera, reinvertidos en ella misma junto a otros factores, contribuyeron a ensanchar la economía monocultivista; situación que provocó la dependencia exterior de la economía nacional, limitada y sujeta a los vaivenes del mercado mundial. Todo este proceso golpeó duramente a la pequeña industria nacional y al artesano de la época.

La política librecambista adoptada por los gobiernos durante todo el período de estudio, constituyó un aliciente al comercio de importación, pero al mismo tiempo provocó graves perjuicios al grupo artesanal [10].

Herrero y Garnier han observado que las manufacturas inglesas, las cuales al ser más baratas y de mejor calidad que las nacionales las desplazan fácilmente arruinando así al empresario nacional, o al menos limitándolo [11].

En tal situación, el artesanado se veía amenazado de muerte, al enfrentarse con el desarrollo de las fuerzas productivas y atacado por el libre cambio. Para fechas tan tempranas como la década de 1840 Ciro Cardoso señala: la importación de telas de algodón inglesas, al hacerles competencia a las pequeñas fábricas de textiles de Cartago, causó la ruina de éstas a mediados del siglo pasado [12]. Destino parecido tuvieron industrias como las productoras y hasta

---

(10) Observaciones similares para el caso salvadoreño véase: MENJIVAR, Rafael. *Formación y lucha del proletariado industrial salvadoreño*. Editorial EDUCA, segunda edición, Costa Rica 1982, pág. 34. Para Puerto Rico, QUINTERO Rivera, Angel. "Socialistas y Tabaqueros: La proletarización de los artesanos". En *Revista Sin Nombre*, No. 4, Puerto Rico, enero-marzo, 1978, pág. 100 en adelante.

(11) HERRERO y GARNIER. *El desarrollo de la industria en Costa Rica*. Editorial U.N.A., San José, 1982, pág. 43. También CALDERON, Manuel. *Proteccionismo y libre cambio en Costa Rica (1880–1950)*. Facultad de Ciencias Sociales. Tesis de Licenciatura en Historia, U.C.R. 1976.

(12) *CARDOSO*, Ciro. Op. Cit. pág. 41.

inventoras de bienes o instrumentos de producción que se habían originado a partir de las necesidades de la producción cafetalera, a comienzos del siglo XIX, y que en el último cuarto del siglo habían desaparecido [13].

El cuadro No. 1 / nos muestra parte de la crisis a la que estuvo sometida la pequeña industria artesanal a fines del siglo pasado, no solo por la penetración de artículos extranjeros, sino también en algunos casos, por el proceso de especialización de la producción en algunos oficios. Basado en la información censal (1883—1892) se observa que el número de establecimientos en términos generales no sufre grandes alteraciones (véase figura 1), de 704 en 1883 se reducen a 694 para el año 1892 [14]. Aunque se puede apreciar que en regiones como Guanacaste vieron arruinarse un gran número de establecimientos artesanales. Las sastrerías pasaron de 26 en 1883 a 14 en 1892. De cuarenta velerías en 1883, no sobrevivió ninguna para el año 1892. La producción de pan fue afectada por el proceso de especialización: en 1883 se registran 22 panaderías, seguramente de carácter doméstico. Para el año de 1892 solo existían dos panaderías. En otras provincias como Heredia y Cartago, desaparecieron o disminuyeron las producciones tales como panaderías y velerías. Sin embargo, hay algunas ramas de la producción que crecieron, aunque su desarrollo fue leve, como los cueros y calzado, carpinterías, ebanisterías.

(13)   HERRERO Y GARNIER. Op. Cit. pág. 40.
(14)   Es posible que exista un subregistro de establecimientos industriales en el censo de 1892 lo que impide ver crecimiento, de todos modos la información disponible permite suponer una crisis de ciertas producciones artesanales en algunas regiones.

CUADRO # 1

FABRICAS Y TALLERES POR RAMAS DE PRODUCCION SEGUN PROVINCIAS 1883-1892

Fábricas y talleres	San José 1883	1892	Alajuela 1883	1892	Cartago 1883	1892	Heredia 1883	1892	Resto 1883	1892	Totales 1883	1892
01 Comestibles y bebidas	23	33	4	8	3	3	5	4	26	11	61	59
02 Textiles y vestidos	27	25	13	13	4	10	16	17	39	24	99	89
03 Cueros y calzado	49	58	26	30	16	17	22	22	49	44	162	171
04 Artículos de madera	28	36	20	30	5	11	14	38	32	39	99	154
05 Impresos y derivados	5	14	1	1	2	−	−	−	−	−	8	15
06 Artículos químicos	26	10	10	−	−	1	6	1	41	−	88	12
07 Artículos minerales y metálicos	19	28	29	30	54	36	1	4	19	21	122	119
08 Armerías y herrerías	20	28	12	12	4	5	7	7	22	23	65	75
TOTALES	197	232	115	124	93	83	71	93	228	162	704	694

NOTA: La clasificación fue tomada de: RAMIREZ, Mario, *El Desarrollo de las Clases sociales y la industria en Costa Rica (1880-1930)*. Tesis Maestría en Sociología U.C.R. 1983, pág. 55.

01 incluye: fábrica de aguardiente y licores, fábrica de cerveza, máquinas de hacer hielo, panaderías y pastelerías.
02 incluye: sastrerías, sombrererías de paja y de pita.
03 incluye: curtiembres, talabarterías, zapaterías y tenerías.
04 incluye: carpinterías y ebanisterías.
05 incluye: encuadernación, imprenta, tipografías y litografías.
06 incluye: jabonerías, velerías y velerías estealina.
07 incluye: fundiciones de hierro, hornos de teja y ladrillo, marmolerías y talleres de escultura.
08 incluye: armerías y herrerías.

Fuente:

D.G.E. *Censo de población 1883*. Reedición del Ministerio de Economía, Industria y Comercio. 1975.
D.G.E. *Censo de población 1892*. Reedición del Ministerio de Economía, Industria y Comercio. 1974.

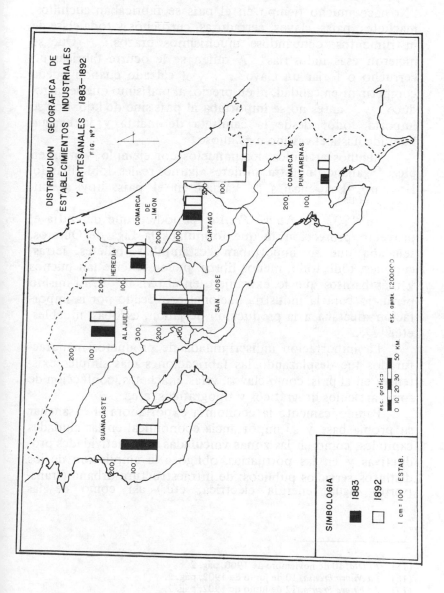

DISTRIBUCION GEOGRAFICA DE
ESTABLECIMIENTOS INDUSTRIALES
Y ARTESANALES 1883-1892

FIG N°1

COMARCA DE
LIMON

COMARCA DE
PUNTARENAS

CARTAGO

HEREDIA

SAN JOSE

ALAJUELA

GUANACASTE

esc. aprox. 1:2000000

esc. gráfica

0 10 20 30   50 KM

SIMBOLOGIA

1883

1892

1 cm = 100 ESTAB.

47

Un observador contemporáneo se refirió a los efectos de la penetración de artículos extranjeros del siguiente modo: "No hace mucho tiempo en el país se fabricaban cuchillos, machetes, palas, clavos, cerraduras, cerruchos y toda clase de instrumentos, ocupándose muchísimos brazos. . . ¿Qué se hicieron esas industrias? A quién se le ocurre fabricar un cerrucho o forjar un clavo? . . . y el calzado cuándo puede competir ni en calidad, ni en precio, al malísimo que se introduce? . . . antes no se importaba al país sino de lujo; hoy se importa todo: desde la camiseta de manta y la enagua humilde hasta el vestido más lujoso.

Algunos artículos, los pañuelos por ejemplo, venían en piezas, ganando nuestras mujeres algunos reales doblidillando. Hoy no. Los encajes se hacían en el país, hoy se importan" [15].

En 1902 *La Nueva Prensa,* periódico que defendía el proyecto proteccionista que formulaba la Liga de Obreros, señalaba que se importaban "estampillas, billetes, letras, cupones, todo, todo, menos libros, puede tenerse tan buenos y más baratos que lo extranjero en el país" [16]. El mismo perjuicio para la industria nacional provocado por la importación afectaba a la producción de jabón, escobas, muebles, etc.[17].

La importación indiscriminada de productos manufacturados fue desplazando las fabricaciones más simples existentes en el país, como clavos, velas, machetes, confección de ropa, artículos litográficos y tipográficos, etc.

Paradójicamente la economía exportadora al ensanchar su propia base y su importancia económica, en las ciudades capitales, como en las zonas vinculadas a las actividades productivas y en las portuarias, obligó a la ampliación de los distintos servicios públicos; de infraestructura urbana (transportes, agua, energía eléctrica, etc.) así como de las

---

(15)   *El Día,* 10 de noviembre de 1900, pág. 2.
(16)   *La Nueva Prensa,* 10 de junio de 1902, pág. 2.
(17)   *La Nueva Prensa,* 12 de junio de 1902, pág. 2.

instituciones de financiamiento y comercio internacional e interno, ocupaciones de tipo liberal; crecimiento de los centros de educación; aparición de núcleos de burócratas; todos fueron las bases objetivas para la construcción de un cierto mercado de consumo interno [18]. De este modo la concentración de los establecimientos industriales se va ubicando conforme la dirección de la expansión cafetalera. Como se desprende del mapa No. 1, estos establecimientos industriales se encuentran en mayor número en aquellas regiones alcanzadas por el café. Los datos sobre fábricas y talleres para 1892, revelan que el 51,2% de las industrias artesanales se encuentra en las provincias de San José y Alajuela.

La producción manufacturera urbana estaba caracterizada de un lado, por la incipiente industria de consumo ligero: fábricas de jabón, de cerveza, de licores, de velas, de siropes, cigarrillos, etc. De otro, los talleres artesanales, entre los que se encontraban herrerías, carpinterías, ebanisterías, sastrerías, panaderías, talabarterías, pastelerías, imprentas, entre otros.

Pero el mundo artesanal costarricense no solo estaba integrado por pequeños productores, como los arriba mencionados, también pertenecían a él aquellos artesanos ocupados en oficios de servicio, los cuales crecieron en número y crearon nuevos establecimientos. Para el año de 1883, existían 81 de ellos. En 1892 se incrementaban a 107 los locales ocupados por barberías, tintorerías, relojerías, platerías y fotografía.

Los artesanos en el transcurso del siglo XIX, se fueron diferenciando y descomponiendo. Como hemos visto, la mayoría pasaba a formar parte del proletariado, otros se transformaban en capitalistas a partir de sus pequeños talleres. Los desiguales grados de descomposición del artesanado urbano, podían depender de otros factores tales como los vínculos que mantuvieran con el capital comercial, zona geográfica en

---

(18)   MURGA, Antonio. Op. Cit. pág. 66.

que se desenvolvían, el mercado donde operaban, el oficio que desempeñaban, el tipo de artículo que produjeran o servicio que ofrecieran [19].

De este modo, resulta extremadamente difícil hablar de artesanos a secas, ya que se trata de un grupo sumamente heterogéneo. Constituían un grupo de trabajadores muy complejo, internamente jerarquizado, (artesanos-empresarios, artesanos-asalariados) y entre los dos un grupo que estaba a diferentes grados de calificación cuyos elementos no se encontraban en situación de igualdad [20]. Sus diferencias no deben ser perdidas de vista porque tendrán su importancia en el carácter de los movimientos sociales que iniciaron estos trabajadores en los años 80 del siglo pasado hasta las dos primeras décadas del presente siglo.

La historia de los artesanos varía de un oficio a otro, de una región a otra, en un mismo oficio. Por ejemplo, las pureras o cigarreras, oficio doméstico durante gran parte del siglo XIX, y comienzos del siglo XX, habían sido ampliamente proletarizadas [21]. Los relojeros y plateros, mantenían su propia organización en el trabajo; mientras que los zapateros de la ciudad de San José, a principios del siglo XX, laboraban en grandes talleres manufactureros [22]; otros vendiendo a tiendas y zapaterías. El zapatero de las pequeñas localidades seguía tratando directamente con el consumidor. Los carpinteros necesitaban cierto espacio para laborar, y era más costosa tal empresa; muchos de ellos tuvieron que ingresar a talleres bajo la mirada de un vigilante.

---

(19) Para el caso mejicano véase: LEAL Felipe y WOLDEMBERG, José. *Del estado liberal a los inicios de la dictadura porfirista.* Editorial Siglo XXI y UNAM, México, 1980, pág. 125.
(20) Ibid, pág. 125.
(21) La "Republic Tobaco" a comienzos del siglo, empleaba a más de 50 obreras en un solo local. *La Información,* 13 de abril de 1913, pág. 5.
(22) Las dos fábricas de zapatos de San José, tenían 215 zapateros de los cuales 50 eran mujeres.

El mundo económico social en el cual se movió el artesanado urbano, estaba amenazado no solo por las políticas librecambistas que lo agobiaban sin cesar; también tuvieron que enfrentarse en la segunda mitad del siglo XIX y comienzos del XX a una creciente concentración de capitales en la industria. A principios del siglo XX, podemos observar con claridad el surgimiento de manufacturas y algunas industrias de mediano tamaño, como por ejemplo en San José podían encontrarse para el año de 1908 dos fábricas de calzado con promedio de 107 trabajadores. Una cervecería con 60 trabajadores. Dos fábricas de aguas gaseosas con un promedio de 27 trabajadores. Diez imprentas con promedio de 15 trabajadores. Seis panaderías con promedio de 9 trabajadores. Ocho talleres mecánicos con promedio de 9 trabajadores; y algunas otras [23].

La vida de los artesanos se veía amenazada por otros factores no menos fatales; pensemos en los accidentes, tan frecuentes en la época; una enfermedad, la inesperada alza de precios en alguna materia prima, la competencia de algún taller; cualquier situación por más pequeña podía hundirlos en la pobreza.

Aunque el avance de la producción capitalista fue lento desde fines del siglo XIX, y comienzos del XX, en ciudades como San José, Heredia, Cartago, se observa la implantación de algunas fábricas y manufacturas que coexistían con los pequeños y medianos talleres artesanales, de los cuales estos últimos llevaban el mayor porcentaje de la producción. Ya no se trataba de la amenaza de importación de artículos extranjeros a la que debían enfrentarse los artesanos; a esto se unía el desarrollo de las fuerzas productivas y de la especialización desde finales del siglo XX. La manufactura empezó a desarrollarse visiblemente en oficios como la carpintería, zapatería, tabaquería, así como en otros oficios.

---

(23) Oficina Nacional de Estadística (de ahora en adelante O.N.E.). *Censo Industrial de la Ciudad de San José 1908.* Anuario de 1908 (anexo a la memoria de fomento de 1908) pág. 354—355.

La manufactura no era en realidad otra cosa que la reunión bajo un mismo techo común de los trabajadores anteriormente dispersos, modo por el cual se facilitaba la entrega de los productos terminados al capitalista, como la posibilidad de aumentar la productividad mediante una división del trabajo más estricta. División del trabajo que simplificaba el proceso laboral. En estos locales se perfeccionó tanto este sistema que un trabajador realizaba año tras año la misma operación parcial. Sobre este proceso que también ocurrió en países como Rusia (guardando las diferencias) Alexandra Kollontai con razón ha dicho: "Si el trabajo del artesano había sido complicado y exigía conocimientos profesionales, el trabajo en la manufactura era todo lo contrario, exactamente sencillo y estúpido" [24].

De la concentración del trabajo asalariado, se puede hablar en serio sólo al referirse a la manufactura centralizada, que se destacaba como un islote en el mar de pequeñas empresas artesanales [25].

Por tanto, el peso en la producción del artesanado urbano era mayor que la del obrero industrial en formación. Las ventajas del artesanado no solo estaban limitadas a la producción, sino, como veremos más adelante quedaron plasmadas en otras áreas como las sociales y políticas.

Un taller de zapatería, de carpintería, una sastrería, una joyería o barbería, eran elementos propios del paisaje urbano, tanto en las ciudades más pobladas como en las pequeñas poblaciones. El taller podía utilizarse en diferentes actividades donde se combinaban las actividades productivas con las comerciales y/o de servicios [26].

---

(24) KOLLONTAI, Alexandra. *La mujer en el desarrollo social.* Editorial Guadarrama, Barcelona, 1976, pág. 101.

(25) PONOMARIOV, B, TIMOFEEV T y otros. *El movimiento obrero internacional. Historia y teoría.* Tomo I, Editorial Progreso, Moscú, 1982, pág. 65.

(26) *El Boletín oficial* del 16 de marzo de 1875, pág. 4, anuncia:"en la panadería del Carmen se acaban de recibir de California, vino, maizena, sebo refinado, papel. El mismo periódico del 24 de mayo de 1875, pág. 4, inserta el siguiente aviso: "en barbería Alejandro Cardona se encuentran de venta cuerdas, instrumentos y un surtido de perfumería".

Los talleres se ocupaban en los más variados oficios. En la ciudad de San José se podían encontrar en 1892, las siguientes ocupaciones artesanales: herreros, armeros, jaboneros, cerveceros, escultores, carpinteros, ebanistas, sastres, barberos, pasteleros, tintoreros, encuadernadores, hojalateros, mecánicos, plateros, albañiles, zapateros, impresores, músicos, costureras, ebanistas. El censo de 1908 de la ciudad de San José muestra más de 50 ocupaciones artesanales e industriales. En otras ciudades como Cartago, Alajuela, Heredia, había zapateros, mecánicos, carpinteros, tosteleros, colchoneros, plateros, etc. [27]. En ciudades pequeñas como Limón, Puntarenas, Guanacaste, no faltaban a fines del siglo XIX y comienzos del XX zapateros, relojeros, mecánicos, carpinteros, entre otros [28].

La jerarquización en la que se veían envueltos los artesanos, era mayor o menor según las características del taller, éste podía ser un taller pequeño o un gran establecimiento manufacturero.

El cuadro No. 2, nos indica que en 1907−1908, las industrias o talleres con más de 4 trabajadores sumaban 147 establecimientos, de los cuales un 47,6% se localizaba en San José. Mientras tanto, el 87,2% (1007 establecimientos) repartidos por todo el territorio nacional que registran los censos industriales de 1907 y 1908, no sobrepasan el límite de 4 artesanos por taller [29]. Ciertamente, el pequeño taller estaba bastante extendido. El lento proceso de industrialización del país, hacía que el artesano siguiera constituyéndose en un factor importante en la producción; sobre todo a nivel local.

---

(27) O.N.E *Censo Industrial de la República de Costa Rica 1907.* Anuario de 1907. (anexo a la memoria de fomento 1907−1908) pág. 198−199.

(28) D.G.E. *Censo de población 1892, Op. Cit.* pág. CLXX, y *Censo industrial año de 1907, Op. Cit.* 198−199.

(29) Es posible que haya una subvalorización de las mujeres y los niños ocupados en los talleres y manufacturas. las fábricas de licores y de gaseosas ocupaban mujeres. En el caso de los niños, en casi todos los establecimientos se podían ocupar; sin embargo, no aparecen registrados en estos censos, pero la información cualitativa así lo indica.

Acerquémonos un tanto a los talleres grandes y los pequeños para poder comprender parte de las condiciones de vida de estos trabajadores.

En el caso de los talleres pequeños, el artesano laboraba en un reducido local, auxiliado en el trabajo por algún miembro de la familia y en ocasiones con uno o dos ayudantes asalariados [30]. El artesano era propietario de sus propias herramientas de trabajo y se encargaba de dirigir la producción. También enseña el oficio a sus parientes o ayudantes. El producto que elaboran es vendido en el mercado local o iban a localidades cercanas a comerciarlo [31]. Su prestigio estaba en relación a su destreza en el oficio; estos artesanos gozaban de cierto status y eran respetados por la comunidad, no solo porque vivían de su trabajo sino porque cuidaban de su familia. En el caso de que la fatalidad rondara el oficio al sobrevenir una enfermedad, un accidente, una alza en las materias primas, la competencia de una manufactura, el artesano podía recurrir al usurero [32]. Así que, la pérdida de la independencia, la ruina o pobreza era un acontecimiento en el artesanado urbano que podía llegar en cualquier momento.

---

(30)   SAMPER, Mario. "Los productores directos en el siglo del café". En *Revista de historia,* U.N.A., año IV, No. 7, julio-diciembre 1978, pág. 133. El autor argumenta que este tipo de taller artesanal es típico del período pre-republicano. Sin embargo, parece haber sobrevivido más de lo imaginado.

(31)   En el mercado de Alajuela, los vendedores de calzado en ese lugar eran vecinos zapateros de Heredia. Véase *La República* 14 de mayo de 1907, pág. 2.

(32)   "el honrado artesano a quien la enfermedad o la desgracia, cierra las puertas del trabajo. . . antes de deber el pan de sus hijos a la humillación o al delito, implora los recursos de la usura". *La República,* 5 de setiembre se 1888, pág. 2.

CUADRO # 2

**INDUSTRIA Y TALLERES MANUFACTUREROS
CON MAS DE 4 TRABAJADORES
SEGUN PROVINCIA 1907-8**

	San José	% Trab.	No.	Alajuela	% Trab.	No.	Cartago	% Trab.	No.	Heredia	% Trab.
No.	Industria			Industria			Industria			Industria	
2	cervecerías	32,0	1	licores	6,0	3	ataúdes	4,0	6	galletas	5,5
6	gaseosas	12,6	1	taller mecánico	5,0	1	calzado	4,0	1	imprenta	4,0
4	jabón	5,5		—	—	1	muebles	4,0	2	ladrilleras	5,5
2	café molido	8,0		—	—		—	—	6	panaderías	5,5
3	candelas	4,3		—	—		—	—	1	taller mecánico	5,0
2	calzado	107,5		—	—		—	—	15	zapaterías	4,7
1	licores	35,0									
9	muebles	11,5									
1	pólvora	7,0									
10	imprentas	14,7									
2	ladrilleras	18,0									
2	litografías	4,0									
6	panaderías	8,3									
6	tostelerías	6,8									
8	talleres mecánicos	8,8									
1	chocolate	4,4									
3	encuadernación	4,6									
2	zapaterías	12,0									

	Guanacaste	% Trab.	No.	Puntarenas	% Trab.	No.	Limón	% Trab.
No.	Industria			Industria			Industria	
2	licores	43,5	1	imprenta	5,0	1	carpintería	6,0
8	ladrilleras	4,8	2	taller mecánico	11,5	1	confitería	5,0
14	tejares	4,1		—	—	2	gaseosas	21,5
1	taller mecánico	4,0		—	—	2	hielo	5,0
	—	—		—	—	3	platerías	4,0
	—	—		—	—	2	taller mecánico	8,0

Fuente: O.N.E. *"Anuario 1907"*, pág. 198-201.
O.N.E. Anuario de 1908 anexo a la memoria de Fomento 1908, págs. 354-357.

55

En el caso de un taller grande o manufactura, la situación variaba. El artesano que había logrado acumular dinero, conseguía un local más grande, introducía cierta tecnología, rebasaba el marco familiar, y contrataba un número considerable de artesanos cualificados y aprendices. El taller está sometido a una división del trabajo un tanto más compleja. El trabajo asalariado se ha desarrollado considerablemente comparado con el que se contrata en el pequeño taller. Los bienes producidos eran comercializados en zonas que rebasaban la localidad. Algunos ofrecían su producto por todo el país [33].

La distinción entre el dueño de un taller y un aprendiz es bastante grande. Al filo de la década de los 70 se decreta que para ser maestro titulado en los ramos de mecánica, fundición, herrería, carpintería y carrocería de carretas, deberán someterse a exámenes semestrales y a aprendizaje gradual. En el primer año el aprendiz no recibe sueldo alguno, deberá aprobar los exámenes para pasar al siguiente curso. En el segundo año el aprendiz disfrutará de 15 pesos mensuales. En el tercero ganará veinticinco pesos. En el cuarto entrará el aspirante en calidad de mecánico, carpintero, herrero, de primera o segunda clase, a trabajar en el taller repectivo ganando cincuenta pesos mensuales. En el quinto y último año se concluye el aprendizaje otorgándosele un diploma que acredite su aptitud y competencia en las materias especiales a que se ha dedicado [34].

Cuesta imaginarse que un joven pudiera someterse a semejante plan, para aprender un oficio y pasar durante un año sin remuneración, ganando cinco centavos diarios en el segundo año y someterse a exámenes rigurosos cada seis meses tomados por los maestros de oficio, con la posibilidad de no pasar del primer año, donde recibían los rudimentos del oficio en que se adiestraban.

---

(33) La zapatería de Emilio Artavia ofrecía su calzado en todo el país, con entregas rápidas. Las dos fábricas de calzado que registra el censo industrial de San José de 1908, exportaban sus productos.
(34) *Leyes y Decretos,* acuerdo No. XXXV, 15 de mayo de 1879.

No cabe duda de que los riesgos eran muchos. Es posible que mayoritariamente el aprendizage se hiciera en un taller particular [35]; sin embargo, la situación para un aprendiz tampoco era más halagadora. Un perpicaz observador contemporáneo comentó: "Un joven que entra a una sastrería a aprender este oficio pasa un año, dos, tres, y por fin toda su vida haciendo pantalones. . . . todos los sastres desean aprender a cortar, pero el egoísmo de los maestros los mantiene sumidos en la ignorancia, porque lo que necesitan en sus talleres son máquinas que les reporten/utilidad . . . [36]. Presumiblemente este cuadro al que se enfrentaba un aprendiz en una sastrería, se reprodujera en los restantes oficios. Subir la cuesta para ser maestro, era cosa que pocos lograban.

El proceso de diferenciación entre el dueño de taller y los aprendices en términos de condición social y salarios era más transparente en los talleres grandes que en uno de menor tamaño.

El dueño del gran taller vivía de las utilidades que le reportaba su empresa; el artesano asalariado que podría ser un artesano cualificado, un oficial o aprendiz, vivía del salario. Veamos un relato sombrío de las condiciones salariales a las que estaba sometido un artesano asalariado. "El que no tiene taller está atado a la voluntad de algún maestro o a dueños de establecimientos que les pagan a la buena de Dios, lo que caprichosamente se quiere"[37].

El que no estuviera reglamentado el salario de los trabajadores ocasionaba que los propietarios de taller, manufacturas y fábricas aprovecharan su situación para disminuir salarios según les conviniera. Los cambios demográficos producidos a finales del siglo XIX y comienzos del siglo XX

(35) Recordamos que en esta época no había escuelas de formación profesional y que el oficio se aprendía por vía del ejemplo y mandato de oficiales y maestros en los talleres particulares.
(36) *El Obrero*, 25 de octubre de 1892, pág. 2.
(37) *El Obrero*, 11 de abril de 1891, pág. 2.

probablemente jugaron un factor negativo en mantener los salarios bajos. Recordemos que en 1850 la población del país era de 102.033 habitantes; en 1900, de 307.499 habitantes y en 1907 alcanzaba la cifra de 351.176 habitantes[38].

Situación que provocó que existiera una cantidad considerable de mano de obra dispuesta a contratarse a precios muy por debajo del habitual; además que esta mano de obra sobrante no podía ser absorbida en su totalidad por las fuentes de trabajo existentes; estas últimas crecían mucho más lentamente que la población.

Durante todo el período (1880–1914) el aparato institucional se regía por los principios liberales. Las cláusulas del contrato se establecían libremente entre las partes. Basada en estos principios, nada tiene de particular la falta de una legislación laboral[39].

En lo que se refiere a los trabajadores de talleres o industrias, se desconoce el salario que ganaban; y las dificultades con la que se topa el historiador para construir posibles series salariales, son prácticamente insalvables; sin embargo, hemos de intentar algunas matizaciones sobre el jornal y la jornada de trabajo a la que estuvieron sometidos los artesanos urbanos entre los años de 1880 a 1914. Los salarios podían variar según las ocupaciones, las temporadas y los niveles de cualificación; pero la diferencia entre los trabajadores cualificados y los no cualificados y entre los oficios de pocos y los de mucha gente eran similares.

---

(38) O.N.E. *Diagrama de la población de la república de Costa Rica.* Año de 1801 a 1900 y población de la república de Costa Rica 1900 a 1907, pág. 36. Anuario de 1907, (anexo a la memoria de fomento, 1907–1908).

(39) Sobre legislación, en otros sectores de trabajadores como agrícolas, empleados del estado, son útiles las investigaciones para el caso costarricense de: ULLOA, Frank. *Apuntes para la historia de la legislación laboral costarricense (1821–1921).* Ponencia presentada al segundo Congreso Mundial de AMCEHMO. México 1979. U.N.A., IESTRA, GONZALEZ De La Mata, María del Mar. *Normas de carácter laboral en las Leyes de Indias y en la legislación positivista costarricense del siglo XIX (1823–1888).* Tesis de escuela de Historia, U.N.A. 1974. CHURNSIDE, Roger. *Organización de la producción mercado de la fuerza de trabajo y política en Costa Rica. 1864–1950.* Instituto de Investigaciones sociales, U.C.R., No. 38.

En 1888 se reportaban los siguientes salarios de algunas actividades artesanales urbanas: los carpinteros, zapateros, albañiles, barberos y sastres ganaban de dos a tres pesos diarios; los individuos de superior conocimiento en los oficios expresados podían ganar hasta cinco pesos [40].

Juan Ferraz observaba en 1890 "... Aquí donde el aprendiz más incipiente gana cincuenta centavos y hay operarios que devengan por ocho o diez horas de labor más de cinco pesos ..." [41].

Los salarios según estas dos descripciones, estaban en relación con la habilidad que demostrara el artesano en su oficio. La jerarquía en el salario diario iba desde los cinco pesos que ganaba un artesano cualificado, dos o tres pesos un artesano intermedio, a los cincuenta centavos o un peso que ganaba un aprendiz [42].

El historiador Carlos Luis Fallas, en un extraordinario esfuerzo por acercarse a los niveles de vida de lo que él llama la "clase obrera" (donde incluye obreros, dependientes de comercio, trabajadores del estado) de finales del siglo XIX a través de datos estadísticos, llegó convincentemente a la conclusión de que esos niveles de vida habían disminuido considerablemente en la última década del siglo pasado [43]. La medición estadística de los niveles de vida según el historiador británico Edward Thompson topa con problemas insalvables en muchos casos para el investigador [44]. Significa, en primer lugar, obtener datos de costo de vida y precios al por menor no siempre logrados. Fallas consigue precios de artículos de consumo popular para los años de 1892—1893—1894, luego brinca a 1900 y 1902. La serie no está completa, aunque es bastante representativa.

---

(40) O.N.E. *Anuario estadístico de 1888.*
(41) *La Prensa Libre,* 22 de febrero de 1980, pág. 2.
(42) La sociedad de artesanos de San José en 1889 establecía los siguientes salarios: albañiles y carpinteros, término medio al día 2,25 pesos, peones 1,10 pesos al día, muchachos 75 centavos al día. *El Artesano,* 24 de marzo de 1889, pág. 3.
(43) FALLAS, Carlos Luis. *El Movimiento Obrero en Costa Rica 1830—1902.* Editorial EUNED, San José, 1983, pág. 299- 363.
(44) THOMPSON, Op. Cit. Tomo II, pág. 38.

El problema se agrava porque esta reconstrucción de niveles de vida, presupone conocer salarios reales de los asalariados o trabajadores. Fallas parte de un trabajador hipotéticamente medio (con un determinado salario) que no existe.

Nosotros hemos venido argumentando lo contrario y hemos insistido en la imposibilidad de hablar de artesanos y obreros en general, sino de un grupo de trabajadores sumamente diferentes, y que no se encontraban en situación de igualdad, cuestión que es notoria inclusive en lo referente al salario; no había artesanos en general (o medio), sino artesanos que cumplían distintos tipos de trabajo y se les remuneraba también de manera distinta. Sin embargo, el razonamiento de Fallas ayuda para afirmar de que el artesano sintió que su condición y su nivel de vida estaban amenazados o estaban deteriorándose en la última década del siglo XIX y los primeros veinte años del siglo XX.

A comienzos del siglo XX era frecuente ver a artesanos sin trabajo. *El Tiempo* notificaba en 1901; "artesanos hemos visto que no obstante buscar trabajo y andar de aquí y de allá, ofreciendo su servicio, no encuentran donde ocuparse" (45).

La situación de "parado" podía convertirse en una tragedia para un artesano; la legislación de la época podía acusarlo de vago. El decreto XXXIII, del 8 de julio de 1887, en su artículo I, clasificaba como vagos a los que teniendo oficio, profesión o industria, no trabajaban habitualmente en ellos y no se les conocía otro medio lícito de adquirir su subsistencia (46). Las condenas eran sumamente drásticas, desde trabajos públicos por no menos de tres meses hasta un año. O podían ser confinados a lugares alejados.

Estas leyes de vagos que se promulgaron en 1864, 1878 y 1887 tendían a que los patrones de haciendas, talleres u otro tipo de establecimientos, consiguieran fuerza de trabajo a muy bajo precio; en ocasiones un patrón podía poner a trabajar en su taller, fábrica, casa o hacienda a un infante,

---

(45) FALLAS, op. cit., pág. 332.
(46) *Leyes y Decretos*. Decreto XXXIII, del 8 de julio de 1887, pág. 48 y siguientes.

hombre o mujer, menores de 14 años con la sola obligación de darles alimentación.

El nivel de los salarios siguió cuesta abajo, y a comienzos del siglo XX pasó a ser un tema habitual y punto de convergencia de la protesta de los trabajadores junto con la jornada de trabajo. Un colaborador de *Hoja Obrera* escribía: "Los artesanos propiamente dichos (carpinteros, albañiles, herreros, relojeros, tipógrafos, etc.) tienen un sueldo como promedio diario de tres colones ... un peón gana un colón. Mientras que un Ministro gana veintitrés pesos diarios ... hay siquiera comparación" [47].

El salario se veía reducido por las sutilezas de que disponían los patrones para explotar al trabajador. El salario se regía por la ley de la oferta y la demanda y en un país donde la mano de obra a principios de siglo, comienza a ser abundante, resulta perjudicial para el trabajador ya que al existir abundancia de mano de obra y una organización gremial muy débil, difícilmente lograrían presionar para ser mejor remunerados por sus servicios.

Por otra parte, habrá que señalar que los artesanos-obreros, junto con otros sectores de trabajadores, no sólo vieron disminuir un salario sino que el pago del mismo no se hacía en moneda. A los obreros rurales, tanto en las fincas de la United Fruit Company, como en fincas particulares, se les pagaba en chapas o cupones obligándoseles a comprar en las tiendas o comisariatos respectivos.

Es de suponer que este tipo de pagos se extendiera a los trabajadores obreros y artesanos urbanos. El proyecto presentado por el diputado Peralta en 1912, que tendía a reglamentar el pago del jornal así lo dejaba entrever: "Los trabajadores en calidad de peones, jornaleros u operarios al servicio de fincas, talleres, establecimientos u otras empresas deberán ser pagados en dinero y no en fichas y cupones como se hace actualmente [48]. Estas medidas, aunque debieron pasar

_____

(47) *Hoja Obrera*, 27 de febrero de 1910, pág. 3.
(48) Véase Archivo Nacional (en adelante A.N.) sección Congreso No. 9954, 23 de agosto de 1912, folio 1. Parte del debate en La Gaceta Oficial del 17 de agosto de 1912, pág. 1 y 2.

muchos años para ser puestas en vigor, representan un importante intento por reglamentar en materia laboral.

El artesano no solo se enfrentó a las innovaciones técnicas y a las políticas librecambistas, sino que fue amenazado desde el último tercio del siglo XIX en adelante por la irrupción de la fuerza de trabajo joven y no cualificada: niños y mujeres, que estaban a la puerta del oficio. "El obrero por regla general, admite que la edad más adecuada para dedicar sus hijos al trabajo es la de nueve a diez años ... lo coloca de aprendiz para atizar el fuego de una fragua, para llevar tablones o herramientas de una carpintería, o, lo que es peor aún para cargarse sobre su cabeza una o dos arrobas de carbón y ellos subir a los pisos de los parroquianos, operación penosa que se repite varias veces al día. A éstos y otros trabajos insoportables para ellos dedican a los niños por el sebo de un mezquino jornal" [49].

La República del 23 de enero de 1912, nos da un indicio sobre las modificaciones de la mano de obra en el ramo de la zapatería donde trabajan más de quinientas mujeres. En 1906 se abría la escuela tipográfica de mujeres y dos años después había mujeres trabajando en ese oficio [50].

Fue precisamente la manufactura la que abrió oportunidad a la mano de obra femenina sin especializar. Trabajar en una manufactura no requería ningún adiestramiento sofisticado, era algo que se podía realizar con un pequeño aprendizaje.

A comienzos del siglo XX comenzó a ocuparse la mano de obra femenina en ramas industriales como las zapaterías, tabaquerías, licores, gaseosas, cervecerías, como en ramas que necesitaban cierta especialización como la tipografía.

Fenómenos combatidos por los artesanos y obreros en muchos casos. Ovidio Rojas se refería en 1912 al asunto: "Ya en nuestro país va tomando auge la idea del trabajo mixto y

---

(49) El Artesano, 18 de febrero de 1889, pág. 2. La escasez de mano de obra de que caracterizó al siglo XIX, provocó que se establecieran ciertas normas sobre el trabajo y jornal de infantes y mujeres. Véase Leyes y Decretos Decreto XXXV de diciembre de 1841, artículos 44 y siguientes.

(50) La Prensa Libre, 26 de agosto de 1908, pág. 2. Y El Noticiero de 1908, pág. 2.

eso es perjudicial para ambos sexos, porque el hombre también sufre detrimento al notar que es sustituído y que él no podrá sustituirla a ella en la labor de sus faenas" [51]. En 1908, un grupo de doce tipógrafos se pronunciaban en favor del ingreso de mujeres a las labores tipográficas [52].

Las mujeres trabajadoras probablemente fueron sometidas a una intensa explotación. El editorialista de *Hoja Obrera* en 1910 se preguntaba: "Costureras, pureras, obreras de fábrica, obreras de servicio doméstico, ¿habéis meditado si vuestras fuerzas alquiladas al patrón o patrona van en justa relación con el ínfimo salario que ganáis? ¿Habéis pensado alguna vez si de vuestra fuerza se hace un robo cruel? Las fuerzas de la mujer no son remuneradas ni tomadas en cuenta..."[53]. Ese mismo año Octavio Montero, dirigente obrero, decía en tono de exclamación: ... "¡Para ella que por más que trabajaba su salario no alcanzaba ni para mitigar el hambre! ... ¡Es tan escaso el salario de la mujer...! [54]. La vida de una mujer trabajadora de un taller en esa época; estaba delineada por faenas interminables, que por lo general sobrepasaba las diez horas de trabajo; salarios por debajo del hombre, sin ninguna protección en el trabajo o su seguridad social; situación que compartían con la clase trabajadora en general.

La escasez de información impide discutir detalladamente el problema de cuánto trabajaba un artesano asalariado en el siglo XIX, pero pareciera que su jornada no sobrepasaba las diez horas diarias. Jornada de trabajo que pareció ir aumentando a fines del siglo pasado, y las primeras décadas del siglo XX; modificándose con ello algunas costumbres y normas morales propias del siglo XIX.

---

(51) *La Aurora Social,* 3 de setiembre de 1912, pág. 3.
(52) *La Prensa Libre,* 26 de agosto de 1908, pág. 2.
(53) *Hoja Obrera,* 6 de julio de 1910, pág. 2.
(54) *Hoja Obrera,* 21 de diciembre de 1910, pág. 3.

Era evidente el incremento de los ritmos de trabajo y producción que imponía el sistema capitalista. Fue en oficios donde la concentración de los trabajadores y la proletarización habían avanzado lo suficiente donde las jornadas se extendían hasta doce horas o más, con jornadas nocturnas como en el caso de las panaderías [55]. Los tipógrafos se quejaban en 1907 de que "por miserables salarios se nos hace trabajar durante las horas del día y parte de la noche" [56]. La fábrica de cigarrillos "Republic Tobacco Company" se había instalado a comienzos del siglo en los alrededores de San José, donde el trabajo estaba dirigido por estricta disciplina. No se le permitía a ninguna de las cincuenta señoritas, todas menores de veinte años, distraerse de sus labores. El trabajo era a destajo, por lo cual el salario variaba según el rendimiento de cada una de las obreras. Una niña de doce años confesó a un visitante ganar doce reales diarios, arrollando tabaco para fabricar breva; la jornada laboral para todas era de diez horas [57].

Los jefes de las diferentes secciones de la Imprenta Nacional, desde fines del siglo pasado tenían como obligación vigilar constantemente por el buen orden y la disciplina, no permitiendo conversaciones futiles, palabras obscenas e indecentes, silbidos, ni nada que contravenga el silencio que debe reinar en los talleres. La jornada era de diez horas y una campana ordenaba el comienzo y el fin de las labores [58].

En 1893 el Obispo Thiel decía: "Muchos trabajadores y artesanos gastan una parte de su paga semanal en alcohol, los sábados en la noche, los domingos y lunes desquitándose con el alcohol los trabajos y las molestias de la semana"[59].

(55) *La Información,* 12 de febrero de 1913, pág. 3.
(56) *Patria,* 7 de mayo de 1907.
(57) *La Información,* 13 de abril de 1913, pág. 5 y 6.
(58) *Memoria de la secretaría de gobernación, policía y fomento.* Reglamento de la Imprenta Nacional, 1889, pág. 1 y 2.
(59) THIEL, Bernardo. *Vigésima novena carta pastoral,* pág. 19 y 20.

Otro observador más moderado señalaba: "La mayor parte de los obreros no trabajan en días lunes, en el cual se dedican a descansar las fatigas que les ha proporcionado el Tempizque" [60].

El comandante de policía de San José en 1907 notificaba por medio de una circular a todos los dueños de taller lo siguiente: "Para que los trabajos en los talleres no sufran retrasos y que los artesanos entren en una vida de trabajo continuo y formal . . . pues todos notamos que si un artesano pierde un día de trabajo . . . gasta parte de su jornal en frivolidades. Se le comunique para arrestar al trabajador por vagancia" [61].

Estos son aspectos de la lucha de clases en el período. Los dueños de talleres o empresarios capitalistas intentaban por todos los medios construir una clase obrera metódica, disciplinada y eficiente, acostumbrándola a los ritmos de trabajo capitalista [62], batalla que parcialmente ganaron los empresarios con medidas como las arriba mencionadas.

Observemos una descripción general de la actividad laboral diaria de los trabajadores en 1904: "A las seis y media de la mañana en el trabajo. Unos bien pocos, han tomado café o su desayuno en la mañana, otros entre siete y ocho, hurtan un instante a su trabajo para tomar alguna cosa, y otros, los más, no toman nada hasta las diez. Si en la casa del obrero las cosas han andado bien, el almuerzo estará pronto y el trabajador sin tomarse el menor descanso volverá a su tarea a las once en punto. Si ha habido algún atraso se llegará tarde o no se almorzará. Esto en el caso de que las distancias permitan todo eso en una hora. Pero ya hoy los obreros van buscando los barrios distantes con el fin de economía, lo que hace más difícil el cumplimiento de su horario, salvo el caso en que se decidan al almuerzo frío. Luego de las once a las cinco de la tarde son seis horas de trabajo sin interrupción . . ." [63].

---

(60)   *El Día,* 13 de noviembre de 1900.
(61)   *El Noticiero,* 19 de setiembre de 1907, pág. 2.
(62)   GARCIA Díaz, Bernardo. *Un pueblo fabril del porfiriato: Santa Rosa, Veracruz.* Editorial Fondo de Cultura, México, 1981, pág. 44.
(63)   *La Prensa Libre,* 13 de octubre de 1904, pág. 2.

Sobre este largo párrafo conviene hacer algunas observaciones. En primer lugar, según esta descripción el trabajador laboraba nueve horas y media diarias, pero hemos visto que la situación era mucho más agobiante en algunos oficios, en realidad la mayor parte de la vida de los obreros y artesanos asalariados transcurría entre las cuatro paredes del taller o fábrica mediana.

El párrafo muestra algunos fenómenos que tendencialmente son nuevos: es de suponer que estos trabajadores descritos, se dirigían a un taller, manufactura o fábrica de cierta magnitud. Los artesanos-maestros-empresarios habían comenzado a realizar sus actividades productivas en un espacio diferente y separado de su propia vivienda.

El otro fenómeno que se vislumbra es el de cómo los obreros se iban alejando del centro de la ciudad; y con ello es de suponer de ciertas comodidades típicas de la urbanización: centros comerciales, luz eléctrica, sistemas de alcantarillado, el estado de las calles, etc.

Pero tal vez convenga dar algún otro ejemplo de este proceso que nacía con el nuevo siglo. En 1905 estaban a la venta lotes al sureste de la ciudad de San José y muchos eran los obreros que compraban pedazos de tierra por aquellos lugares para edificar. Así pues, pronto tendremos ahí un verdadero barrio obrero [64], señalaba un periódico de la época.

Cuatro años más tarde el diputado don Alberto Vargas Calvo presentaba un proyecto que no prosperó, tendiente a favorecer a una empresa constructora de casas para obreros, denunciando el panorama miserable en el que se encontraban muchos trabajadores: "Cada uno de vosotros señores diputados al recorrer los barrios pobres de las poblaciones y especialmente de los alrededores de las ciudades más populosas de la república, habrá observado el espectáculo de la miseria y descuido que ofrecen las casas destinadas a habitaciones de artesanos y jornaleros, en quienes la ruindad de especuladores

---

(64) *El Noticiero,* 7 de marzo de 1905, pág. 3.

vergonzantes se ceba con furia, imponiéndoles alquileres altos, malísimas viviendas y consumado junto con su negocio indigno, a la sombra de la indiferencia de las autoridades y de la sociedad, y con abuso de la harto lamentable pasividad de los menesterosos"(65).

El problema pareció ser tan serio que hasta los políticos más influyentes en la vida nacional comenzaron a plantear el problema de la vivienda en sus programas políticos.

Rafael Iglesias en las elecciones de 1913, proponía lo siguiente: "Hay que proceder a la construcción de barrios obreros protegidos y amparados contra la prostitución y el vicio con sus escuelas propias; barrios donde las construcciones obedezcan a un plan completo de comodidad e higiene y cuyo uso se obtenga con el pago de un moderado alquiler"(66).

El desarrollo urbano en nuestro período fue para los sectores trabajadores, un proceso de separación de clases, al mismo tiempo que aparecen y se establecen nuevos barrios, los cuales estaban compuestos por trabajadores pobres que se alejaban de los centros de la ciudad y de las residencias de las clases más acomodadas (67).

Es de suponer que los artesanos propietarios y su negocio caminó sobre ruedas, gozaron de condiciones ambientales más cómodas que las de los artesanos empobrecidos y asalariados en general descritos arriba.

Existían ciertas normas de concentración de los establecimientos artesanales e industriales en la geografía urbana. En el caso de San José, en el distrito de El Carmen, se localizaban las dos fábricas más grandes de calzado, además de fundiciones, fontanerías e imprentas, un número considerable

---

(65) A.N. Sección Congreso, No. 10. 867, 1909.
(66) *El Pabellón Rojo,* 13 de octubre de 1913, pág. 2.
(67) A este respecto son estimulantes los trabajos de Hobsbawn, E.J. *Las Revoluciones burguesas.* Tomo II, editorial Labor, 5ta. edición, Barcelona, 1978, pág. 357–386.

de las cuales se encontraban también en el distrito de La Merced, junto a las sastrerías, lavanderías de sombreros, platerías y pequeños talleres de zapatería. En el distrito La Catedral, se distinguían las carpinterías y talleres de moda, tintorerías y zapaterías. Cerca de ahí, en el distrito El Hospital, abundaban las relojerías, sastrerías y talleres de costura[68]. La figura No. 2 nos indica la concentración de trabajadores y fábricas por distrito, donde se aprecia que el distrito Merced tiene el mayor número de fábricas, pero es en el distrito Carmen donde se concentra el mayor número de trabajadores. Mientras, el distrito Catedral es el de menor concentración tanto de fábricas como de trabajadores y Hospital presenta una relación intermedia con respecto a los demás.

Los artesanos constituían una parte importante del paisaje urbano, particularmente en ciudades como San José, Heredia, Alajuela y Cartago. Un artesano era un miembro de la ciudad muy respetado. Por encima de ellos —artesanos propietarios y asalariados— se encontraban los hacendados que vivían en las ciudades, comerciantes, militares de alto rango y burócratas estatales de niveles superiores. Por debajo de ellos encontramos a los obreros de las fábricas, los sirvientes, los desempleados, los campesinos recién emigrados[69]. Pero a menudo un artesano asalariado podía estar en el mismo nivel que los obreros de una fábrica, los sirvientes, o en ocasiones por debajo de éstos.

No cabe duda de que los artesanos dueños de taller eran hombres ilustrados, audotidactas y de cultura muy vasta. Devoraban libros, periódicos y lo que cayera en sus manos; muchos de ellos fueron colaboradores de periódicos y

---

(68) O.N.E. Anuario 1908. *Censo industrial de la ciudad de San José, 1908.* (anexo a la memoria de fomento) de 1908, pág. 354–355.

(69) "Los campesinos que abandonan los campos, vienen a aumentar el pauperismo de las ciudades, engrosando la legión de vagos en ellas, con perjuicio del orden y la moral". *La República,* 28 de febrero de 1911, pág. 4.

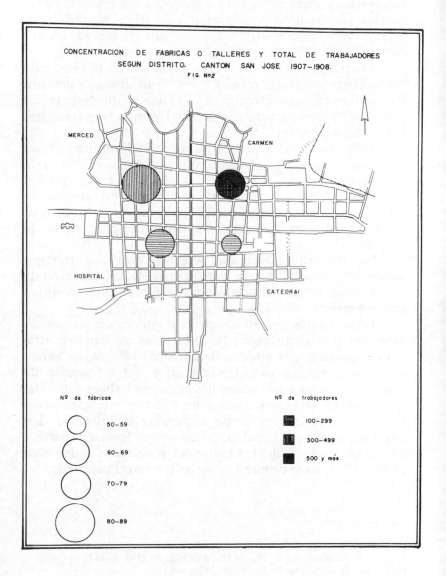

CONCENTRACION DE FABRICAS O TALLERES Y TOTAL DE TRABAJADORES
SEGUN DISTRITO. CANTON SAN JOSE 1907-1908.
FIG. Nº2

MERCED

CARMEN

HOSPITAL

CATEDRAL

Nº de fábricas

50-59

60-69

70-79

80-89

Nº de trabajadores

100-299

300-499

500 y más

revistas, escribiendo sobre una variedad de temas, donde abundaban artículos sobre la política nacional. Habían algunos muy ingeniosos. Solo a modo de ejemplo: en 1903, Nicolás Lizano inventó "un cepillo de felpa duro, de raíz, paja y crin, lo mismo que cepillos para la cabeza, uñas y dientes" [70].

El artesano Manuel V. Dengo patentaba en 1897 un rifle "automático de juego rápido" [71]. Otro artesano llamado Román López Arias inventó en 1886 una máquina de moler café, maíz y otros granos (de granito) ya que las extranjeras tenían poca duración [72].

El Noticiero del 5 de noviembre de 1907 informaba que se había realizado con buen éxito, y ante un considerable número de personas, el automóvil acabado de construir en el taller del señor Pampazzini. Era un automóvil de diecinueve caballos de fuerza, para cuatro personas, construído por obreros nacionales y consumía petróleo del país en vez de gasolina [73].

Por otro lado, no hay que perder de vista a los artesanos asalariados, sometidos a su patrón en el taller, con nivel de cultura muy bajo, a tal punto que muchos de ellos no sabían leer ni escribir.

Como hemos podido observar, al interior del artesanado urbano se podían distinguir las diferencias colocando al artesano empresario por encima de artesanos calificados, aprendices o simples peones. Característico del artesanado de entonces eran las condiciones desiguales de trabajo y de vida, según fueran artesanos dueños de taller o artesanos asalariados; constituían un grupo disperso y heterogéneo. Las diferenciaciones no impidieron que ambos formaran parte y núcleo de los movimientos culturales y políticos de los años 1880 a 1914, tema de nuestro segundo y tercer capítulo.

---

(70)   *El Pacífico,* 11 de febrero de 1903, pág. 2.
(71)   A.N. Sección Congreso No. 3425, 25 de julio de 1895, folio 1.
(72)   A.N. Sección Congreso No. 9095, 1886, folio 1.
(73)   *El Noticiero,* 5 de noviembre de 1907, pág. 2.

CAPITULO II

LAS ORGANIZACIONES ARTESANO–OBRERAS:
1880–1909

Cuando nos acercamos a lo que se desarrolla entre 1880–1909, nos damos cuenta que estamos frente a un movimiento mixto que se caracteriza por la influencia dominante de los artesanos sobre los proletarios en términos de su ideología, táctica, estrategia y formas de organización.

Los proletarios de reciente formación se suman al movimiento alentado y dirigido por los artesanos urbanos. El sello que le imprimen los artesanos al movimiento se refleja en las demandas que presentan; en sus relaciones con el estado, en su visión del mundo, en su estrategia y táctica.

Aún pasada la primera década del siglo XX se advierte la presencia de los artesanos en la conducción del movimiento. Pero para esas fechas tendrá que comenzar a lidiar con concepciones más proletarias provenientes sobre todo del anarquismo.

Aunque formalmente no existe un debate historiográfico en torno al carácter y evolución de las agrupaciones de trabajadores en el siglo pasado y comienzos del presente, se pueden observar diferentes propuestas sobre el tema. Vladimir De La Cruz, en sus investigaciones, como Carlos

Luis Fallas Monge en su libro [1], han hecho aportes nada despreciables al conocimiento y esclarecimiento de tales cuestiones.

Se conoce la proliferación y expansión de las organizaciones (mutualidades, sociedades de trabajadores o de artesanos, clubes políticos, liga de obreros) que se iniciaron desde los años ochenta del siglo pasado hasta bien entrado el siglo XX; así como las limitaciones que las caracterizaron.

El terreno de la organización ha sido el más transitado por nuestros investigadores. Sin embargo, hay mucho que hacer en este campo: el origen de las organizaciones, el estudio de las cooperativas, ensayos organizativos hechos en el período. Poco sabemos de la estructura interna de las organizaciones. Es obvio que para poder caracterizar una agrupación que a su vez provoca un determinado movimiento social no podemos dejar de preguntarnos quién jugó el papel primordial en ellos. En otras palabras, hemos de hacer un esfuerzo por averiguar sobre la composición social de las organizaciones de que hablamos.

Permítasenos volver a nuestros autores de referencia. De La Cruz sostiene que para la segunda mitad del siglo XIX se dan dos tipos de organización embrionaria sindical: las sociedades mutualistas, que surgen desde 1852 y que tienen como característica no ser antipatronales, así como el tener en su seno estudiantes y patrones, que dominaron toda la segunda mitad del siglo XIX. La segunda forma de organización surge en el último tercio del siglo XIX, y fueron las sociedades de trabajadores y artesanos. Estas se diferencian de las primeras al no agrupar patronos, ser más clasistas, y desde 1886 por el

---

(1)   De la obra de Vladimir de la Cruz, pueden verse las siguientes investigaciones: *Las Luchas Sociales en Costa Rica 1870–1930. El Primero de Mayo 1913.* "Tendencias en el Movimiento Obrero costarricense, 1870–1930", op.cit.
De Carlos Luis Fallas Monge véase: *El Movimiento Obrero en Costa Rica (1830–1902),* op. cit.

hecho de que se comportan como sindicatos. Luchan por legislación laboral, y social. Las sociedades de trabajadores y artesanos según el mismo autor constituyen el movimiento "sindical revolucionario" de las últimas décadas del siglo pasado; cuando las mutualidades según nuestro autor pasan a ser reaccionarias [2].

Por otro lado, Carlos Luis Fallas nos habla de un solo tipo de agrupaciones, que son las mutualidades; las cuales comienzan y se desarrollan entre 1874 y 1895. Su principal cualidad es no fomentar el odio ni la lucha social, ni plantear demandas de ningún tipo [3].

Ambas posiciones, creemos, son simplificaciones de la cuestión. El profesor Rudé enseña que el resultado final que obtiene el historiador depende casi tanto de las cuestiones que plantea como de los documentos que usa para responderlas [4]. En los trabajos de Vladimir De La Cruz vemos una propensión a ordenar los materiales desde una posición obrerista del desarrollo de la organización, donde se nota el distanciamiento y se echa de menos el diálogo entre los conceptos utilizados "revolucionario", "reaccionario", "clasista", y el dato empírico, cayendo en generalizaciones vagas y prejuiciadas sin un adecuado sustento heurístico. En el otro extremo tenemos a Fallas, quien no se hace preguntas, por lo tanto, sus respuestas están guiadas por la cronología, la descripción, el relato, y no por planteamiento de problemas y formulación de hipótesis. Su estudio nos muestra a las organizaciones mutualistas como una historia mansa, sin agitaciones ni contradicciones; debido en parte a sus inclinación por moralizar el desarrollo histórico de las agrupaciones de trabajadores en un tono rebosante de emoción.

---

(2) De La Cruz, Vladimir, op. cit., pág. 21—22.
(3) FALLAS, Carlos Luis, op. cit., pág. 199.
(4) RUDE, George. *Protesta Popular y Revolución en el siglo XVIII*. Editorial Ariel, Barcelona 1978, pág. 9.

Sin duda, el historiador tropieza con una serie de problemas a la hora de intentar resolver el origen de la organización, su composición social, las motivaciones ideológicas, tácticas, estratégicas, que merodean en las respuestas dadas hasta ahora por los historiadores. La documentación de la que disponemos permite dar una idea de lo que representaban las organizaciones para los trabajadores que participaban en ellas [5].

Mucho más limitado es el conocimiento de la práctica de las mismas; la razón puede achacarse a las limitaciones que imponen las propias fuentes al historiador.

En primer lugar, la documentación oficial no proporciona un material de importancia en dichas materias, aunque el derecho de organización estaba garantizado; sin embargo, no existía un organismo gubernamental que se ocupara de reglamentar o llevar registros de la constitución de las agrupaciones de artesanos y obreros [6].

La prensa liberal de la época, notificaba la aparición de tal o cual sociedad de artesanos; en este sentido puede afirmarse sobre su fundación y desarrollo en el siglo XIX, pero tampoco nos ayuda mucho a conocer el funcionamiento real y concreto de las organizaciones.

---

(5) *Estatutos.*
1) Estatuto de la Sociedad de Artesanos de San José. *El artesano,* 16 de marzo de 1889.
2) Estatuto de la Sociedad de Artes y Oficios. *La Gaceta,* 24 de setiembre de 1889.
3) Estatutos de la Sociedad Anónima Industrial "Gremio de Carpinteros". *La Gaceta,* 13 de diciembre de 1890.
4) Estatutos de la Sociedad de Artes y Oficios de la Provincia de Heredia. Tipografía Nacional, 1891.
5) Estatutos del Gremio de Carpinteros. Tipografía de Jenaro Valverde, 1903.
6) Estatutos de la Sociedad "El Ejemplo". Imprenta de Padrón y Pujol, 1903.
7) Estatutos de la Sociedad de Barberos. Tipografía Lehmann, 1914.
(6) Imprescindible para el estudio del mutualismo: BARRAGAN, Leticia y otros. "El Mutualismo en el siglo XIX", *Revista Historia Obrera,* No. 10, México, octubre de 1977, pág. 2—14.
WOLDEMBERG, José. "Asociaciones artesanas del siglo XIX". *Revista Mexicana de Ciencias Políticas y Sociales,* No. 83, México, enero-marzo de 1976, pág. 71—112.

El período que aquí estudiamos vio aparecer la prensa obrera donde se divulgaban programas asociacionistas; más escasos eran los artículos dedicados al número que existía en cada sociedad, su crecimiento y composición social de las organizaciones. Estos periódicos que tienen como estandarte ser los voceros y defensores de los derechos de la clase obrera y de sus organizaciones, publicaban los materiales que las mismas sociedades enviaban, por lo tanto, la secuencia no era continua sino más bien intermitente y fragmentaria sobre una misma sociedad. Se comunicaba un aniversario, una fundación, los acuerdos, un discurso, la elección de una directiva, etc.

A pesar de lo anterior intentaremos sintentizar, para presentar de una manera global el desarrollo experimentado por la organización del movimiento artesano-obrero del período; para ello procederemos del siguiente modo: presentaremos primero cuatro formas típicas de agrupamiento de artesanos y obreros: las mutualidades, cooperativas, círculos católicos de artesanos y la liga obrera. Para acercarnos a las motivaciones ideológicas y el significado de estas organizaciones haremos un breve análisis de la prensa artesana obrera del período. El significado de estas organizaciones no puede ser evaluado sin averiguar sobre la composición social de estas agrupaciones y quién jugó el papel primordial en ellas.

Por último nos referiremos a las huelgas más importantes en el sector artesanal obrero para apreciar niveles de proletarización y nuevas formas de lucha.

LAS ORGANIZACIONES ARTESANAS

A) MUTUALIDADES Y COOPERATIVAS

Como hemos apuntado en el primer capítulo, el origen del artesanado es remoto. Sin embargo, la organización de estos trabajadores no lo es tanto. Su aparición está en relación con varios aspectos, tanto económicos como

77

políticos y sociales que combinados permitieron el desarrollo de la organización a fines de los años ochenta del siglo pasado.

Antes de proseguir con nuestra argumentación es necesario hacer una ubicación geográfico social de las organizaciones de trabajadores del siglo XIX y comienzos del XX[7].

Las primeras concentraciones masivas de trabajadores tuvieron lugar cuando se iniciaron los trabajos de construcción de la línea férrea, promediando el último cuarto del siglo XIX. Reforzado todo esto con el acondicionamiento de puertos y la implantación del enclave bananero con características típicamente capitalistas.

La mano de obra contratada para la creación de esta infraestructura era extranjera: chinos, italianos, jamaiquinos. Estos últimos se ocupaban en la construcción del ferrocarril y posteriormente en las plantaciones bananeras.

Los chinos, italianos y jamaiquinos provocaron huelgas muy importantes a fines del siglo XIX; pero en estos sectores no está el origen de la organización. Posiblemente ello se deba en parte a los niveles de represión ejercido en los centros de trabajo donde laboraban estos trabajadores, su condición de extranjeros y la falta de vinculación con la comunidad nacional. Estos pudieron ser aspectos que no permitieron desarrollar la organización, pero sí aplicar métodos de lucha proletaria, como la huelga.

---

(7)   Estudios similares sobre la ubicación geográfica social y la organización pueden verse en SULMONT, Denis. *Historia del Movimiento Obrero peruano (1890–1978)*. Seminario "Historia del movimiento Obrero en América Latina" Oaxpec, México, 4–9 de diciembre de 1978, pág. 7, y siguientes. Para un estudio centroamericano es útil. POSAS, Mario. *Las Sociedades artesanales y los orígenes del movimiento obrero Hondureño*. Editorial ESPE L–4, Tegucigalpa, sin año de edición, Tegucigalpa, 1981, pág. 3 en adelante. También MEZA, Víctor.

Historia del movimiento obrero Hondureño. Editorial Guaymuras, 2a. edición, Tegucigalpa, 1981, pág. en adelante.

Era en los centros urbanos, donde predominaba el pequeño taller y se desarrollaban algunos locales manufactureros e industriales de mediano tamaño, donde tiene origen la formación de un incipiente proletariado industrial que constituye la base material de la organización en el período.

En las ciudades y principalmente en San José, los artesanos y obreros encontraron mejores condiciones para desarrollar la organización, que en aquellos sectores que apuntábamos arriba, donde privaba el trabajo capitalista y grandes concentraciones de trabajadores.

En los centros urbanos podían establecerse lazos de solidaridad entre ellos, contar con el apoyo de intelectuales y sectores medios radicalizados preocupados por la suerte de los artesanos y obreros, desarrollar la prensa y educación de los trabajadores. Esto explica en parte el porqué el movimiento obrero organizado se inició a partir del artesanado obrero urbano, que provenía del pequeño taller, de una manufactura o mediana industria que fue creciendo a principios del siglo XX.

Pero volvamos a nuestro tema. ¿Cuáles fueron los elementos o causas que permitieron el desarrollo de la organización?

A nuestro juicio existen tres factores que nos parecen básicos para contestar esta cuestión:

Primero, como ya hemos anotado, el artesanado urbano en la segunda mitad del siglo XIX, se vió sometido a una constante inestabilidad, presionado por el fomento de la importación de artículos de consumo manufacturados, enfrentado al surgimiento de la especialización de la técnica y de los locales manufactureros de cierta magnitud, lo que colocó al artesano en una situación de quiebra permanente frente a este desarrollo.

En 1860 los artesanos urbanos en número superior a setenta, elevaron un escrito protestando y exigiendo protección ante la penetración de artefactos extranjeros. En relación con los efectos de dicha importación razonaron del siguiente modo: "No existe ningún pueblo donde los artefactos extranjeros en competencia con los nacionales no tengan un crecido derecho de introducción, porque permitida tal como se haya en Costa Rica, es consumar la ruina de las artes propias y reducir a la miseria a millares de ciudadanos que viven de los productos de ellos" [8].

La petición fue rechazada bajo los pretextos del "dejar hacer, dejar pasar". Los artesanos urbanos lanzados al mercado libre, carecían de organizaciones protectoras, pero habría que esperar por lo menos de diez a veinte años para que aparecieran las primeras sociedades mutualistas, cooperativas, cajas de ahorro, etc.

El segundo aspecto que quisiéramos mencionar tiene un peso importante en el surgimiento del mutualismo y del cooperativismo: es la divulgación misma de estas ideas asociacionistas, las cuales circularon en los años setenta-noventa, en los medios de comunicación masiva como la prensa [9].

Hemos de insistir sobre este punto. La experiencia y conocimientos acumulados por los intelectuales extranjeros que llegaron al país en el siglo pasado, como en el caso del español Juan Ferraz, el Dr. Rafael Machado, guatemalteco; Eloy Truque, colombiano, entre muchos otros, que conocían el desarrollo del movimiento obrero de sus respectivos países y realizaron una campaña de difusión de las experiencias e ideas organizativas entre los trabajadores costarricenses por la prensa, en conferencias o ayudando a redactar estatutos [10], fue de gran trascendencia.

---

(8)   A.N. Sección Congreso, No. 7006, julio 1860, folio 1 y siguientes.
(9)   El periódico *Crónica de Costa Rica*, publica artículos sobre el sistema de asociación de capitales (citado por Fallas, Op. cit., Pág. 159.
       La Gaceta Oficial entre el 1° de mayo y el 30 de abril de 1888 publicó en sus páginas el libro titulado "Sociedades que tienen por objeto transformar a los obreros asalariados en obreros asociados", del autor Julio Simón.
(10)   FERRAZ, Juan. Propuso un estatuto para crear la Asociación General de Obreros de Costa Rica. *El Obrero,* 12 de julio de 1890. Pág. 2.

El tercer elemento que debe considerarse al referirse al origen de la organización está ligado a la actividad política de la época.

Los grupos o partidos políticos que tradicionalmente se disputaban el poder, vieron en el artesanado urbano un aliado y un pilar de legitimización del poder estatal. Los artesanos formaban parte del electorado de la época. Recordemos que la Constitución de 1871 mantuvo el voto indirecto de dos grados en que todos los ciudadanos en ejercicio tenían derecho a sufragar en la elección de primer grado, en tanto en la segunda sólo era privativo de los electores que aquellos nombraban.

Pero, ¿Cuáles podían ser electos en la/segunda ronda? En primer lugar debían poseer un capital no inferior a 500 pesos, tener 21 años de edad, saber leer y escribir [11].

En las elecciones de segundo grado, el voto estaba reservado para aquellos que contaban con propiedades materiales; entre los cuales se encontraban los artesanos dueños de taller.

El censo de 1892, arroja cifras alarmantes de analfabetismo, sabían leer y escribir sólo 48.215 habitantes, o sea 19.82% del total de la población; esto nos aproxima a lo limitado que podrían ser las elecciones en aquellos días.

En la última década del siglo XIX y principios del siglo XX, se formaron clubes políticos con participación de artesanos y obreros que servían de apoyo a los/candidatos oficialistas o a alguno que pretendía llegar al poder.

Asimismo, estos clubes no se limitaron a apoyar a los candidatos sino que desarrollaron sus propias formas de organización. El Club Constitucional creado en 1890, y que apoyaba a J. Rodríguez organizó varios gremios: de pintores y carpinteros, con su propia organización interna, y se esforzó por federar estas organizaciones.

---

(11) ALFARO, Johnny, POCHET, Carlos y otros. *La Evolución del Sufragio en Costa Rica.* Tomo I, 1980. Tesis de la Escuela de Derecho U.C.R. Trabajo imprescindible sobre el tema.

En 1893, se organizó el Club Republicano de Artesanos, de menos duración y que apoyó al Dr. Durán. La forma más acabada de este tipo de organización fue la Liga de Obreros, creada a comienzos del siglo XX al cual dedicaremos un espacio aparte.

El cuadro No. 3 nos revela algunos detalles de consideración sobre las organizaciones.

Entre 1899 y 1891 se puede ubicar el momento cumbre de la proliferación de las asociaciones mutualistas, cooperativas o clubes; se aprecia que el foco del asociacionismo estaba en San José, aunque se extendió a otras provincias como Cartago, Heredia, Alajuela; esto en correlación con el hecho de que en San José se ubicaba el mayor número de establecimientos artesanales y de trabajadores. Después de 1894 casi todas las organizaciones habían desaparecido o su accionar era muy débil. En los estudios historiográficos en el país las sociedades mutualistas se han juzgado con un criterio más retrospectivo que histórico, catalogándolas de "reaccionarias" [12] o reduciéndolas a conclusiones como ésta: "El obrero costarricense, apoyado en su compañero de oficio o de infortunio, buscaba la solución de sus problemas mediante la ayuda que en común pudieran brindarse unos a otros" [13].

Esta interpretación no es exclusiva de la historia escrita costarricense. El chileno Luis Vitale cataloga al mutualismo como una organización defensiva que fomenta el ahorro y el socorro mutuo [14] e ideológicamente es un movimiento pequeño burgués [15].

---

(12) De LA CRUZ, Vladimir, "Tendencias en el movimiento obrero costarricense 1870–1930", en Revista *Revenar* No. 5, febrero-julio 1982, pág. 21.
(13) FALLAS, Op. Cit. Pág. 181.
(14) VITALE, Luis. *Génesis y evolución del movimiento obrero chileno hasta el Frente Popular.* Reproducción de la publicación realizado por la Universidad Central de Venezuela, sin pié de imprenta, Pág. 36.
(15) VITALE, Luis. *La formación social latinoamericana, 1930–1978.* Editorial Fontamara, Barcelona 1979, Pág. 75.

CUADRO # 3

SOCIEDADES MUTUALISTAS, COOPERATIVAS, CLUBES POLITICOS
1874–1901

SEGUN CARACTER, LOCALIDAD Y AÑO DE FUNDACION

Nombre	Carácter	Lugar	Año de fundación
Sociedad de artesanos	cooperativa-mutualidad	San José	13 de enero de 1874
Sociedad de artesanos		San José	1883
Sociedad de artesanos	cooperativa-mutualidad	San José	9 de diciembre de 1888
Sociedad de artes y oficios	cooperativa	San José	15 de setiembre de 1889
Sociedad de artesanos El Progreso	mutualista	Alajuela	15 de julio de 1889
Sociedad de artesanos	cooperativa-mutualidad	Cartago	febrero de 1890
El Gremio de pintores	mutualista	San José	23 de febrero de 1890
El Gremio de sastres			
El Gremio de carpinteros	mutualista	San José	19 de marzo de 1890
El Gremio de albañiles	mutualista	San José	30 de marzo de 1890
El Gremio de albañiles constructores	mutualista	San José	1 de febrero de 1890
Sociedad de arte y oficios	cooperativa-mutualidad	Heredia	1891
Sociedad de tipógrafos	socorro mutuo	San José	1891
La Caja de ahorro	socorro mutuo	Puntarenas	26 de octubre de 1891
Club constitucional de artesanos	político-mutualista	San José	enero de 1890
Club Republicano de artesanos	político-mutualista	San José	octubre de 1893
Club obrero El Pabellón Cubano	político	San José	noviembre de 1895
Orfeón Artesano	mutualismo	San José	13 de mayo de 1898
Asociación obrera	mutualista recreativa	San José	1899
Círculo de artesanos católicos	mutualista	San José	24 de marzo de 1900
La Liga de Obreros	político-mutualista	Todo el país	25 de setiembre de 1901

Fuente: Los mismos del cuadro

A nuestro modo de ver, el problema es mucho más complejo, tanto las mutualidades como las cooperativas ciertamente eran una arma de defensa contra el capital, pero las mismas eran una especie de proyecto transformador de la sociedad que hoy puede catalogarse como utópico; sin embargo, fue el nervio impulsor del movimiento social de las dos últimas décadas del siglo pasado y principios del veinte, propiciados por artesanos, obreros e intelectuales radicalizados [16].

Pueden mencionarse cuatro rasgos esenciales del movimiento mutualista y cooperativista: 1) Conlleva un rechazo a la creciente subordinación al capitalismo. En consecuencia promueve la instauración de "otro mundo", el de una sociedad más igualitaria, basada en la cooperación, el bien, la justicia y la abundancia. 2) Se trata de un movimiento secular que varió con el tiempo a las presiones ideológicas del liberalismo, del socialismo utópico y del anarquismo. 3) Los métodos para la transformación social serían llevados a cabo por medio de la educación y el ejemplo, que eran capaces de ofrecer los propios artesanos, agrupados en asociaciones de ayuda mutua y cooperativas. De este modo las mutualidades y las cooperativas eran instituciones a escala de la futura sociedad. De esta suerte surgiría una sociedad compuesta por unidades de producción cooperativa vinculadas entre sí. 4) Su piedra angular estaba en la unión del productor directo con los medios de producción [17].

Acerquémonos al movimiento artesano-obrero del siglo XIX. La composición social de estas organizaciones, mutualidades y cooperativas era muy heterogénea. La primera sociedad de artesanos de San José, estaba compuesta por el Dr. Francisco Calvo, quien fuera su precursor; los maestros

---

(16)   Esta interpretación ha sido desarrollada para el caso mejicano por LEAL, Felipe y WOLDEMBERG, José. *Del Estado Liberal a los inicios de la Dictadura Porfirista.* Editorial XXI y UNAM, México, 1980, Pág. 15—178.
(17)   LEAL, Felipe, WOLDEMBERG, José. Op. Cit. Pág. 161—162.

artesanos Francisco Marín, Miguel Valenzuela, Juan Vicente Monestel, Joaquín Quirós, entre otros; y unas doscientas a trescientas personas dedicadas a las artes[18].

El periódico *El Obrero* del 27 de junio de 1890, declaraba que la sociedad de artes y oficios de San José estaba integrada por: ingenieros, doctores, abogados, arquitectos y obreros de todas las artes.

En la Sociedad de Artesanos fundada en 1888 podían observarse artesanos empresarios como Alejo Marín (dueño de taller y presidente de la sociedad), intelectuales como Faustino Montes de Oca o Jesús Quirós, dependientes de comercio.

Esta variada composición social de los miembros de las organizaciones de los trabajadores se reprodujo en todas las mutualidades, cooperativas o clubes políticos de artesanos.

Mayoritariamente estaban formadas por artesanos, pero la dirección de las mismas estaba en manos de artesanos dueños de taller que no solo ocupaban los principales puestos de dirección, sino que posiblemente por su mayor preparación con respecto al resto de los trabajadores, eran los encargados de orientar la organización, conduciendo al movimiento obrero costarricense por los caminos del mutualismo y del cooperativismo.

Por otro lado, el bajo o incipiente desarrollo industrial de la época, permitía una plena identificación de intereses entre artesanos y obreros. Los precursores de las asociaciones provenían en su totalidad de las ramas de producción artesanal. En estas organizaciones se puede observar cierta organización interna, como el sistema de elecciones de directiva, reglamento de sanciones y penalidades, órganos de dirección, etc.

La vida de estas instituciones en su mayoría fue muy breve. Las que pudieron mantenerse más tiempo, como la Sociedad de Artesanos de San José (1889—1891) o la

---

(18)   *La Gaceta*, 24 de enero de 1874. Pág. 2.

Sociedad de Artes y Oficios (1889–1894) mantuvieron una activa relación con otras sociedades similares en objetivos, tanto nacionales como extranjeras. Con éstas últimas intercambiaban sus periódicos, estatutos y todo tipo de experiencias organizativas y de lucha, vía por la cual también conocieron ideas socialistas y el desarrollo de movimientos obreros de diferentes países. La Sociedad de Artesanos de San José recibía entre otros periódicos: *El Artesano* y *La Asociación* de El Salvador; y *El Artesano* de Nicaragua [19].

En 1891, la Sociedad de Artes y Oficios de San José mantenía relaciones con la Sociedad de Artesanos de Cartago llamada "Trabajadores del Progreso", Sociedad de Artes y Oficios de Heredia, Gran Círculo de Obreros de Tamaulipas de Matamoros, Sociedad de Obreros del Porvenir Guaimás; estas dos últimas organizaciones de México [20].

Algunas mutualidades y cooperativas se limitaban a la ayuda mutua, otras tenían un campo de acción más vasto. El origen social de los integrantes de estas organizaciones probablemente hacía que algunos concurrieran a buscar artesanos calificados en los diferentes oficios. Muchas funcionaban como clubes políticos de los partidos que se disputaban el poder.

La Sociedad de Artes y Oficios de San José, a fines de octubre de 1890, apoyaba al gobierno, aunque sus estatutos en el artículo 64, prohibía a todos los miembros de esta sociedad tratar en sus reuniones de política militante o de religión [21]. El motivo de peso para este apoyo estaba en el hecho de que el gobierno vendió los talleres nacionales a esta sociedad en aquella época.

---

(19)   *El Artesano*, 24 de mayo de 1888. Pág. 3.
(20)   *El Obrero*, 26 de julio de 1891. Pág. 1.
(21)   *La Gaceta*, 24 de setiembre de 1889, Pág. 354.

Mientras que la Sociedad de Artesanos de San José dió apoyo decisivo al candidato don Ascención Esquivel en las elecciones de 1889, candidato opositor del que apoyara la Sociedad de Artes y Oficios.

El gremio de pintores en 1890 en su acta de constitución decía: "Nosotros nos federamos y unimos con todos los demás gremios que componen el club constitucional de artesanos y en una misma comunión política, en el sostenimiento del que hoy es nuestro candidato (J.J. Rodríguez) durante todo el tiempo que empuñe las riendas del poder" [22].

El apoyo que brindaban los artesanos a través de sus asociaciones, su prensa o asistiendo a sus concentraciones públicas, era recompensada por los grupos que se disputaban el poder con donaciones para sostener la prensa artesano-obrera, parte de los gastos de sus organizaciones o alguna otra concesión.

Pero esto es solo una parte de esta relación y experiencia en la cual estaban involucrados artesanos y obreros urbanos. Necesariamente hay que apuntar que estas sociedades, mutualidades, cooperativas o clubes eran instrumento de los trabajadores para que el gobierno escuchara sus demandas; y que esas mismas relaciones con el poder político o candidato a la presidencia tenía sus límites.

Los artesanos del Club Constitucional captaron las fronteras de esta relación de la que hablamos: "Por honrado y progresista que sea un gobierno, jamás las clases sociales deben contar en todo y por todo en él para su propio

---

(22) El Club Constitucional de Artesanos intentó organizar gremios y federarlos, los cuales debían jurar 1) el sostenimiento del candidato, en este caso de J. Rodríguez; 2) profesar y defender los principios contenidos en estas dos palabras: constitución y democracia y 3) obediencia a las órdenes de la directiva. Véase *El Demócrata*, 26 de enero de 1890, Pág. 2.

provecho. Antes, al contrario, esas clases deben trabajar con tezón para crearse recursos propios y fomentar nuevos elementos de vida y riqueza"[23]. La propuesta de estos trabajadores estaba sustentada en el ahorro y la organización de los trabajadores.

No es exacto, lo que afirma De La Cruz al decir que "el mutualismo no impulsó en el país cooperativas o formas cooperativas"[24]. En realidad las organizaciones de artesanos y obreros fueron una mezcla de mutualismo y cooperativismo. Ayuda mutua para socorrer ante el desamparo, el hambre o muerte, que podía llegar en cualquier momento, complementada con ideas cooperativistas; ésta última forma de organización, colectiva y de reparto de ganancias. Ambas ideas encaminadas a transformar en pequeño propietario al artesano asalariado. En el caso de los artesanos dueños de taller, se trataba de instituciones para no perder su independencia.

El estatuto de la Sociedad de Artesanos de San José de 1874 intentaba establecer una casa de comercio destinada a la venta de artículos de consumo básico a sus asociados; los socios recibirían parte de las ganancias en relación al capital invertido[25].

La Sociedad de Artesanos de San José de 1888, tenía como objetivo hacer negociaciones de banca y de comercio cuando así lo permitía la situación de sus fondos[26]. *El Artesano,* órgano de esa sociedad, el 26 de abril de 1889, anunciaba que la administración alquilaba el dinero que había disponible, procedente de los depósitos de la caja de ahorro[27].

---

(23) *El Demócrata,* 15 de febrero de 1890, pág. 1.
(24) De La Cruz, Vladimir, op. cit.
(25) Fallas, Carlos, op. cit., pág. 163.
(26) *El Artesano,* 9 de octubre de 1889.
(27) Don E.P. solicitó un préstamo a la sociedad de doscientos colones, a tres meses plazo, al 1% de interés. *El Artesano,* 1 de noviembre de 1889, pág. 4.

La Sociedad de Artes y Oficios de Heredia en 1891 y la Sociedad de Artesanos de Cartago en 1890, se proponían crear casas de comercio y talleres de artes y oficios [28].

Aunque su extensión fue mucho menor que el mutualismo, la evidencia sobre la penetración de ideas cooperativistas entre el movimiento artesano obrero de la época es patente. En términos teóricos, estas ideas fueron desarrolladas por el movimiento de asociacionistas del siglo pasado y comienzos del presente siglo, que provenía del primer socialismo europeo.

El éxito del cooperativismo fue muy limitado. No pasó de ser "un dulce sueño". En efecto, en teoría es extremadamente sencillo crear un capital a partir de las cuotas de cada asociado y reinvertirlo en una casa de comercio, taller, o alquilar el dinero, para aumentar el capital inicial que a su vez proporcionaría ganancias correlativamente mayores.

Sin embargo, se difundieron por lo menos tres ideas de cooperativas: las de consumo, de crédito y de producción. Hasta lo que hoy conocemos, el único intento fructífero fue el experimentado por la Sociedad de Artes y Oficios de San José entre los años de 1889 a 1894. En octubre de 1890 se firmó un contrato entre la Sociedad y el gobierno; éste último vendía a la Sociedad de Artes y Oficios los talleres nacionales [29]. Esta Sociedad contaba con 200 a 250 socios [30]. Su composición era muy variada; muchos artesanos dueños de talleres se habían incorporado a ella: Emilio Artavia (zapatero), Gerardo Matamoros (mecánico), Víctor J. Golcher (albañil), Manuel V. Dengo (mecánico), entre otros. Se observaban dependientes de comercio, artistas, abogados y profesores. Mientras que, para un artesano asalariado el solo

---

(28)   Fallas, Carlos. Op. Cit., pág. 176 y 185.
(29)   *Memoria de Fomento,* 1891, Pág. 1 y siguientes. Posiblemente el contrato haya sido facilitado por el apoyo y relación que mantenía esta sociedad con el poder público.
(30)   *El Obrero,* 10 de junio de 1890. La lista de socios era de 200. En julio de 1891, el mismo periódico declaraba que la sociedad contaba con 254 socios.

ingresar a esta sociedad era difícil, la cuota de entrada era de cinco colones [31], o sea, el salario de una semana o más de trabajo de un artesano asalariado. Los artesanos con ciertos recursos económicos eran los que podían pagar las acciones.

El ideal cooperativista de construir talleres, intentaba teóricamente eliminar esa diferenciación entre patrón y obrero. Sin embargo, en la práctica esa diferenciación se reproducía en la Sociedad de Artes y Oficios de San José. Los mayores accionistas inevitablemente se convertían en los patrones de los talleres, que se establecieron en los antiguos talleres nacionales. Los alentadores de la sociedad eran gente de recursos, con cierta solvencia económica, ésta última muy lejos de la mayoría de los artesanos y obreros asalariados.

El estancamiento del movimiento que se nota con claridad a partir de los años de 1893 y 1894 en gran parte era producto de la ingenuidad de los dirigentes que fueron sustituyendo la ideología de avanzada, abandonando sus propios proyectos y sustituyéndolos por una política de conciliación.

Una mirada retrospectiva de uno de sus máximos dirigentes en 1901, don Gerardo Matamoros, nos plantea el resultado de la relación entre los partidos políticos tradicionales y el movimiento artesano obrero de la última década del siglo pasado, diciendo: "Alejado de las luchas políticas por los fracasos sufridos y porque hondas decepciones llevaron a mi espíritu el desaliento, en vista de lo inútil del sacrificio he vivido concretado a la patria pequeña, mi hogar, presenciando con amargura inmensa agotarse las energías de los ciudadanos, aniquilarse los esfuerzos buenos en la lucha estéril que daba por resultado el sacrificio aislado de unos pocos que recibieron en pago de su abnegación, el más criminal de los desdenes" [32].

---

(31) *El Obrero,* 10 de junio de 1890. Pág. 2.
(32) *El País,* 14 de setiembre de 1901, pág. 1. Discurso de Gerardo Matamoros.

B) LOS CIRCULOS CATOLICOS

Si alguien se opuso a las organizaciones de los trabajadores durante el período, ya fuera en su forma mutualista, cooperativista o de clubes políticos así como a su prensa, fue la Iglesia Católica.

Se hace urgente un estudio de la Iglesia y del movimiento obrero en Costa Rica, pues el período que estudiamos; no solo desde el punto de vista de la organización que aquí trataremos apretadamente. En realidad me parece más útil un análisis de la influencia de la iglesia católica costarricense del siglo XIX para crear una mentalidad conservadora en el pueblo trabajador.

Fueron muchos los esfuerzos que hiciera la Iglesia en este último sentido, atacando las ideas, desde las liberales hasta los socialistas, pasando por el anarquismo. No solo en el discurso de los órganos de prensa católicos, sino también desde el púlpito.

La actitud conservadora y la preocupación de que los trabajadores fueran alcanzados por nuevas ideas y crearan sus propias organizaciones, lo señala un editorial de *El Mensajero del Clero* en 1883: "Los enemigos de la religión se reunen en sociedades y círculos atrayendo no solo a los individuos de la alta clase de la sociedad sino también a los obreros y artesanos".

"Para contrapesar esta influencia perniciosa deben servir las asociaciones de hombres que tengan por base los principios de la religión" [33]. Se trataba de alejar a los trabajadores y obreros de sus organizaciones que recién se forjaban en el país y sin el amparo de la Iglesia.

Para la última década del siglo XIX —cuando las mutualidades, cooperativas y clubes políticos de artesanos cundían por todo el territorio y con ellas aparecían sus periódicos, bibliotecas populares y salas de lectura para artesanos, donde

---

(33) *El Mensajero del Clero,* 30 de julio de 1883, pág. 4.

los obreros conocieron algunas obras del primer socialismo proveniente del viejo continente y una variedad de obras de la literatura universal con contenido social– la Iglesia Católica se pronunció en los términos que siguen: "Hay dos tipos de bibliotecas populares: 1) unas que contienen novelas inmorales que no civilizan a un país, 2) otras que tienen la tendencia propagandística en cierto sentido determinado; así por ejemplo, los socialistas y los nihilistas tienen sus bibliotecas populares repletas de obras en que se aconseja el trastorno y la revolución general" [34].

El 9 de noviembre de 1890 la Unión Católica calificó de obras calumniosas, mentirosas e inmorales a producciones literarias de Alejandro Dumas, Eugenio Sue, Flammarión y algunas de Víctor Hugo, entre otras [35]. Ya he señalado en otra parte, que las obras socialistas, anarquistas y marxistas fueron poco conocidas, por lo menos entre los trabajadores organizados en el siglo XIX [36].

En la Biblioteca Popular organizada por la Sociedad de Artesanos de San José en el año 1889, de los casi cuatrocientos títulos que contenía dicha biblioteca, las obras con algún contenido de tema socialista eran: *Ensayos sobre el catolicismo, el liberalismo y el socialismo,* de Donoso Cortés; *La Democracia, el Comunismo y el Socialismo,* de Eugenio García Ruiz; *La Idea de la Revolución* de R.J. Proudhon, *Las mujeres de la revolución* de J. Michelet; *Historia de las Asociaciones obreras en Europa* de Fernando Garrido.

Con respecto a las obras literarias que descalificaba la Iglesia Católica, la biblioteca contenía muchas de esas obras, además en las librerías locales las vendían a precios de promoción.

---

(34)   *El Eco Católico,* 22 de noviembre de 1890, pág. 426.
(35)   *La Unión Católica,* 9 de noviembre de 1890, pág. 2.
(36)   OLIVA, Mario. *Una nota sobre educación entre artesanos y obreros en el siglo XIX.* (inédito).

La Unión Católica en 1894 se quejaba de que en algunas librerías de Costa Rica se distribuían gratis opúsculos infames, en los cuales se insulta del modo más cínico nuestra religión cristiana [37]. Los folletos se llamaban *La Redención* y *El Pueblo crucificado.* Eran escritos inspirados en el magistrado Pondicher y B. Jocolliot. Los escritos no sólo arrancaban la fe sino que preparaban para la sublevación y la desobediencia a las autoridades; en una palabra, para la revolución [38].

Cuatro años más tarde la Iglesia Católica publicaba un amplio comentario sobre la prohibición y censura de libros que el Papa había promulgado en enero de 1897. Se prohibían entre otras cosas, periódicos, hojas sueltas y revistas que atacaban intencionalmente a la religión y a las buenas costumbres. A los libreros, por lo menos a los católicos, se les prohibía vender esos libros[39].

Todo lo anterior enmarcó el carácter de los círculos católicos artesanos que se crearon desde 1900 en adelante. Los estatutos del círculo de artesanos de San José tenían como objeto: conservar las ideas netamente cristianas y fortalecer a sus miembros en la práctica de la fe [40]. Dentro de los requisitos para ser socio, se debían tener ideas netamente católicas.

Sobre los periódicos y revistas el estatuto establecía que estaban absolutamente e indefinidamente prohibidos en cl círculo de artesanos católicos los libros, revistas, diarios y cualesquiera otros periódicos de ideas o tendencias liberales, anti-católicas, inmorales o sospechosas [41]. Todas las sesiones o reuniones de estos artesanos se comenzaban con la señal de la cruz y el Ave María. Estos círculos atrajeron muchos artesanos. En 1901, el de San José tenía más de ciento cincuenta socios. En Heredia funcionaba otro con las mismas características.

---

(37) *La Unión Católica,* 19 de setiembre de 1894. Pág. 2.
(38) *La Unión Católica,* 19 de setiembre de 1894. Pág. 2.
(39) *El Mensajero del Clero,* 28 de febrero de 1899, Pág. 234 y siguientes.
(40) *El Eco Católico,* 7 de julio de 1900. Pág. 181.
(41) *El Eco Católico,* 14 de julio de 1900, pág. 190.

El conjunto de normas que hemos apuntado revela la clara intensión de alejar a los trabajadores de las preocupaciones civiles y acercarlos al catolicismo más conservador; aunque estos círculos católicos desarrollaron cajas de ahorro y algunos otros objetivos que se plantearon los trabajadores en general en el siglo XIX y comienzos del XX.

Por otro lado, los círculos católicos significaron un intento de la Iglesia por dividir el naciente movimiento obrero, por un lado un movimiento secular, compenetrado con el quehacer nacional haciéndose oir por el poder público, participando en política, creando su propia prensa; y por otro lado, un movimiento que involucraba a los trabajadores dentro de un proyecto católico conservador, el cual les ofrecía el consuelo de la vida futura y les obligaba en cambio a renunciar a toda mejora de su suerte o situación.

C)   LA LIGA DE OBREROS

Para 1894 las sociedades mutualistas y cooperativistas habían disminuido sus actividades. Los clubes políticos de artesanos corrieron suerte parecida. Resurge el movimiento con la formación de la Liga de Obreros, fundada en setiembre de 1901 [42]. Esta organización significa un cambio considerable en la orientación del movimiento artesano obrero. Si algo le distingue es su carácter profesional y político.

Gerardo Matamoros en el discurso inaugural de la organización nos habla de los objetivos: "No queremos seguir siendo la masa inconsciente que se adula y utiliza solo en las luchas eleccionarias. Queremos y tenemos derecho a que se nos abran las puertas de la cámara" [43]. La "nueva doctrina" como ellos la denominaron era el vuelco de todos sus

---

(42)   *La Nueva Prensa*, 25 de setiembre de 1902, Víctor Golcher, señaló que el 25 de setiembre de 1901 podía considerarse como la fecha de fundación de la Liga de Obreros.

(43)   *El País*, 24 de setiembre de 1901, pág. 1.

esfuerzos y confianza en la acción parlamentaria, ayudada de la consigna "el voto del obrero para el obrero". Para las elecciones de 1902 la Liga de Obreros se propagó por todo el país y brindó su apoyo al candidato Don Ascención Esquivel, quien sería el candidato electo como Presidente de la República [44].

La composición de la Liga era muy heterogénea y tenía relación con lo que entendían por obreros incluyendo a los "agricultores de mayor o menor escala, a los fabricantes e industriales, a los artesanos propiamente dichos y a toda clase de trabajadores que se conocen con el nombre de peones o jornaleros; o trabajadores a sueldo como escribientes, dependientes y otros de la misma clase" [45].

La crisis de fines del siglo XIX del sistema capitalista, había provocado graves trastornos a la economía nacional; las bajas del café fueron muy sensibles [46]. Esta crisis provocó una conmoción general, las energías de los artesanos fueron puestas en un proyecto de largo alcance en lo que se refiere a la producción de la industria y artesanía nacional.

La Liga de Obreros, en su programa planteaba la necesidad de una protección efectiva de la industria por medio de impuestos aduaneros y educación teórico-profesional de las artes y oficios.

Otra parte del proyecto de La Liga tendía a establecer cajas de ahorro, fondos de socorro y de seguros contra accidentes de trabajo, formado por trabajadores, patronos y el Estado [47]

---

(44) *El Derecho,* 11 de febrero de 1902. El Partido Republicano consideró que su adversario más poderoso en las elecciones fue la Liga de Obreros.
(45) El Día, 25 de diciembre de 1901. Pág. 2.
(46) La exportación de café que en 1900 fue casi de nueve millones de pesos, bajó a seis en 1901, citado por Carlos Calvo, Rafael Iglesias Castro, Ministerio de Cultura, Juventud y Deporte. San José. Pág. 27.
(47) *El Día,* 27 de diciembre de 1901. Pág. 2.

El proyecto de La Liga reflejaba intereses diferentes provenientes de la composición tan heterogénea de la misma.

Asimismo se observa que su método de lucha era la acción parlamentaria y su plena confianza en la acción protectora que pudiera brindarle el Estado. Sus acciones estarían dentro de la legalidad [48] y sin violencia [49].

Estos movimientos se integraron dentro del régimen gubernamental y desembocó en una política de conciliación; aunque no están ausentes dentro de sus proyectos las cajas de ahorro, los salones de lectura. La preocupación por los accidentes de trabajo. El interés de clase pareciera estar definido precisamente por los artesanos dueños de taller porque la Liga es primordialmente un proyecto económico. Su pilar fundamental era lograr la protección a la industria nacional y secundariamente a la agricultura; su medio, la acción parlamentaria.

Después de la destacada participación de la Liga en las elecciones de 1901 y 1902 que llevó a Don Ascención Esquivel a la presidencia y a Don Víctor Golcher como diputado, ambos apoyados por la Liga de Obreros, ésta se vio sometida a una profunda y rápida desintegración, lo que muestra el carácter electoral de esta organización. Las Ligas de provincia comenzaron a desaparecer, otras a reorganizarse, como La Liga de Alajuela, que proponía la formación de cooperativas [50]. En 1904 postularon como diputado a Gerardo Matamoros, quien no logró los votos suficientes debido a que muchos electores pertenecientes a La Liga no votaron por el candidato que proponía La Liga de Obreros [51]. En setiembre del mismo año La Liga intentó tomar nuevos rumbos después de sus fracasos en la política, intentando formar cooperativas; la idea tuvo aceptación, pero su puesta en práctica no [52].

---

(48) *El Día,* 1o. de octubre de 1901. Pág. 2.
(49) *El Día,* 15 de noviembre de 1901. Pág. 2.
(50) *El Día,* 3 de enero de 1902, pág. 2.
(51) *El Noticiero,* 16 de marzo de 1904, el 14 de marzo la Liga expulsó a ocho electores que no dieron su voto a Matamoros.
(52) *El Noticiero,* 6 de setiembre de 1904. Pág. 3.

Entre 1903 y 1908 se observa otra oleada asociacionista de carácter mutualista en esencia; ejemplos de ello son el gremio de carpinteros de Cartago en 1903 [53]; la sociedad de zapateros de San José en 1903 [54]; la sociedad El Ejemplo de panaderos en 1903 [55]; el gremio de tipógrafos de San José en 1904 [56]; el gremio de herreros de San José en 1904 [57]; el gremio de mecánicos de San José en 1904 [58]; la Caja de Ahorros de la Fábrica Nacional de Licores en 1907 [59]; la Caja de Ahorros de Obreros de Heredia en 1907 [60]; el gremio de sombreros en 1907 [61] y la Caja de Ahorro de la Imprenta Nacional [62].

El proceso organizativo de este período (1903–1908) no incluyó intentos de integrar asociaciones capaces de agrupar a todas las asociaciones dispersas, como sí ocurrió en el siglo XIX cuando hubo varios intentos federativos.

La característica principal de las organizaciones en este período es el apoyo o auxilio mutuo alejado de la política. Una posible explicación de este carácter puede estar en relación a los fracasos que continuamente les provocó el apoyo que brindaron a los partidos políticos tradicionales.

El otro que parece jugar un papel importante es que los trabajadores decidieron organizarse para solucionar problemas cotidianos a través de la ayuda mutua ya que en 1903, a raíz de la huelga de panaderos, que fue reprimida con toda violencia, se refugiaron en sus mutualidades, cajas de ahorro, clubes deportivos y recreativos [63].

---

(53) *El Noticiero,* 23 de julio de 1903. Pág. 3.
(54) *El Día,* 19 de julio de 1903. Pág. 3.
(55) A. N. Sección Congreso No. 4316, 18 de julio de 1903.
(56) *El Día,* 13 de diciembre de 1904.
(57) *El Derecho,* 11 de octubre de 1904. Pág. 3.
(58) *El Derecho,* 11 de octubre de 1904. Pág. 3.
(59) *El Noticiero,* 6 de setiembre de 1907. Pág. 3.
(60) *El Noticiero,* 6 de agosto de 1907. Pág. 3.
(61) *El Noticiero,* 25 de julio de 1907. Pág. 3.
(62) *El Noticiero,* 4 de mayo de 1907. Pág. 3.
(63) Ejemplo de clubes deportivos y recreativos son: la fundación del Club Sport de artesanos de Puntarenas y el Club de Artesanos de Cartago. Véase respectivamente *El Pacífico* del 24 de diciembre de 1908, pág. 3. y *La República* del 13 de mayo de 1908, pág. 2.

LA PRENSA ARTESANAL OBRERA (1883–1908)

El último tercio del siglo XIX, como ya se sabe, con la proliferación del periodismo costarricense, diferentes grupos sociales defendieron sus intereses a través de la prensa. Así encontramos grandes periódicos como: *La República* (1886); *La Prensa Libre* (1889); *El Heraldo* (1890); *La Unión Católica* (1890)[64]. Junto a estos grandes periódicos, el artesanado y el incipiente proletariado urbano expusieron por la misma vía sus propias reivindicaciones.

Si algo distingue a los artesanos urbanos es su formación autodidáctica y disciplinada; al mismo tiempo fueron organizadores, educadores y activistas.

Hemos de suponer que muchas y largas horas libres eran ocupadas en lecturas y discusiones periódicas, en días festivos o domingos; o durante la noche acompañados de la tenue luz de una candela. Cuando en 1889, la Sociedad de Artesanos de San José organizó una biblioteca popular[65], y una sala de lectura para todo público, muchos artesanos donaron libros de sus bibliotecas particulares; lo mismo hicieron los miembros de la Sociedad de Artes y Oficios de San José en 1890[66]:

Las lecturas que realizaban estos artesanos eran instrumentalizadas pues fue una preocupación constante escribir artículos, notas, poemas, en dicha prensa. Con lenguaje llano y sencillo a veces, con frases rebuscas en otras, atraían cada vez más a un público formado por los trabajadores por un lado, y por los intelectuales liberales reformistas por otro. Estos artesanos tenían una cultura universal, algunos de ellos podían escribir y disertar sobre cualquier tema, sus prédicas las envolvía

---

(64) Véase MORALES, Carlos. *El Hombre que no quiso la guerra.* Editorial Ariel, San José 1981. Las fechas corresponden a la aparición de los periódicos.
(65) OLIVA, Mario, op. cit.
(66) *El Obrero,* 26 de julio de 1891, pág. 1.

un manto redentor, se asumían como los líderes naturales del pueblo, cuya voz encarnaban y difundían [67].

La prensa era el único medio de información masivo de la época, en Costa Rica. Según el censo de 1892, por lo menos el 75% de la población no sabía leer ni escribir; es de suponer que el grueso de esa cifra estaba formado por campesinos, obreros y artesanos.

Pero este alto analfabetismo no era obstáculo para que la prensa artesanal llegara a los analfabetos. Es probable que esta situación haya sido facilitada con lectura en voz alta en los talleres, clubes políticos, o siempre había un letrado capaz de leer a los demás el mensaje de la prensa obrera [68].

El cuadro No. 4 muestra los periódicos que se publicaron entre 1883 y 1908. El período de apogeo de la prensa obrerista puede ubicarse entre 1883 y 1895.

Todos contaban con cuatro páginas, su distribución no se circunscribía a la capital, que era el lugar donde todos se editaban. Un ejemplo bastará para ver el alcance de estos periódicos en la geografía nacional. *El Artesano* de 1889 llegaba a Cartago, La Unión, Alajuela, Naranjo, Grecia, Palmares, Bagaces y Bebedero, circulación que se acrecentaba en la época de efervescencia política, cubriendo zonas tan alejadas como Puntarenas, Liberia, Puriscal, etc. [69].

Sólo *El Artesano* de 1889 logró un tiraje de mil ejemplares. La mayor parte de los periódicos no contaban con secciones fijas pues publicaban lo que tuvieran a mano. Salían por lo general cada ocho días; aunque algunos lograron salir dos veces por semana como *El Artesano* de 1889 y *El Obrero* de 1890. La gran mayoría de sus directores, administradores o redactores fueron artesanos, tales como Alejo Marín (carpintero), Emilio Artavia (zapatero), Federico Golcher

---

(67)   LEAL, Felipe y WOLDEMBERG, José. Op. Cit., pág. 179.
(68)   En 1901 la Liga de Obreros en su club hacía lectura de periódicos y libros en voz alta. Véase *El Día,* 27 de diciembre de 1901.
(69)   *El Artesano,* setiembre de 1889.

(escribiente), Víctor Golcher (albañil), Miguel Salazar (escribiente). El lema que sustentaban era el núcleo central de sus aspiraciones, en donde resaltaba la defensa de los intereses de los trabajadores en general.

CUADRO DE LA PRENSA ARTESANO-OBRERA
EN COSTA RICA
1883—1908

Nombre:	*El Artesano*
Aparición:	15 de setiembre de 1883
Lema:	Organo de los intereses de la clase obrera
Lugar:	San José
Periodicidad:	Quincenal
Precio:	0.10 céntimos
Páginas:	Cuatro
Secciones:	

Nombre:	*El Artesano*
Aparición:	9 de febrero de 1889
Lema:	Organo de los intereses de la "Sociedad de
Lugar:	San José Artesanos"
Periodicidad:	Semanal
Precio:	0.05 céntimos
Páginas:	Cuatro
Secciones:	Asuntos de la sociedad de artesanos, literatura, industrias, noticias, varios.

Nombre:	*El Demócrata*
Aparición:	12 de enero de 1890
Lema:	Periódico Independiente, órgano del club constitucional de artesanos
Lugar:	San José
Periodicidad:	Semanal
Precio:	
Páginas:	Cuatro
Secciones:	Editorial, noticias, literatura.

Nombre: *El Obrero*
Aparición: 1 de junio de 1890
Lema: Organo de la Sociedad de Artes y Oficios
Lugar: San José
Periodicidad: Semanal
Precio: 0.10 céntimos
Páginas: Cuatro
Secciones: El obrero, comunicado, sueltos o variedades,
                    correspondencia

Nombre: *El Hijo del Pueblo*
Aparición: 7 de octubre de 1893
Lema: Organo del Club Republicano de Artesanos
Lugar: San José
Periodicidad: Semanal
Precio: 0.10 céntimos
Páginas: Cuatro
Secciones: Editorial, sección oficial, varios

Nombre: *El Pabellón Cubano*
Aparición: 27 de octubre de 1895
Lema: Organo del club obrero del mismo nombre
Lugar: San José
Periodicidad: Semanal
Precio: 0.10 céntimos
Páginas:
Secciones: Editorial, correspondencia, inversiones,
                    varios

Nombre: *La Sanción*
Aparición: 26 de noviembre de 1908
Lema: Publicación obrera contra todos y para todos
Lugar: San José
Periodicidad: Semanal
Precio: 0.10 céntimos
Páginas: Cuatro
Secciones: Editorial , notas, comentarios

FUENTES: Las indicadas en el cuadro mismo.

Ninguno de ellos fue imparcial. *El Artesano* de 1889 apoyó a Ascención Esquivel; *El Obrero* y *El Demócrata* de 1890 apoyaron a J.J. Rodríguez; *El Hijo del Pueblo* de 1893 apoyó al Dr. Durán; mientras que *El Pabellón Cubano* en 1895 dedicó todos sus esfuerzos a la lucha cubano-española por la independencia de la isla.

Esta prensa compartía una característica del periodismo de la época: era más bien formativa que informativa. Difundieron un sistema de ideas con el propósito de orientar la acción de los trabajadores, expresar demandas y posiciones de los artesanos sobre temas diversos [70].

El Demócrata nos habla de uno de los medios por el cual se lograría la transformación social: "... convencidos como estamos que la asociación de los hijos del trabajo, es el único medio de hacer adelantar y progresar a esa clase digna de toda consideración social" [71]. El mismo periódico nos habla de otro de los pilares de la "regeneración" que era el ahorro, o mejor dicho, la formación de "cajas", para fomentarlo y convertirlo luego en un ariete poderoso que les abriría con sus tremendos golpes las puertas de su emancipación política, económica y social. [72].

A propósito de la apertura de la Biblioteca Popular en 1889, podemos observar el otro elemento dinamizador del cambio: "Muy bien! haga la sociedad de artesanos acopio de libros escogidos, de libros que enseñen todo lo que es útil, lo que es bueno, lo que es moral, lo que forma el corazón para

(70) MORALES, Carlos, Op. cit. Distingue dos tipos de prensa: la de opinión del siglo XIX y la informativa en el siglo actual ... No interesa el hecho puro, sino lo que piensan sobre él los guías de la sociedad. Así se abarrotan las páginas de comentarios y artículos que no dan una visión franca del entorno, pero constituyen un poderoso medio de presión y de soporte en las grandes empresas nacionales, por la construcción de la sociedad organizada y sus instituciones. pág. 71–84.
(71) *El Demócrata,* 12 de enero de 1890, pág. 2.
(72) *El Demócrata,* 15 de febrero de 1890, pág. 1.

el bien, y habrá puesto la primera piedra en el edificio de la regeneración de la clase obrera"[73].

Estos periódicos mantienen una visión tutelar sobre el poder público, esperan que desde arriba y con acciones de buena voluntad el gobierno solucione sus demandas. *El Artesano* de 1889 nos habla de los objetivos de un buen gobierno: proteger la clase obrera. Facilitarle apoyo moral, y a veces material, y estimularlos con hechos a proseguir en la tarea de unir y estrechar voluntades y elementos dispersos con actos propios de todo buen gobierno que mira el porvenir nacional. Estos son los procederes de toda buena administración pública que quiere y desea de veras el progreso y el bienestar de los pueblos[74]. Dos años más tarde, *El Demócrata* confirma esta posición diciendo: ". . . Poseemos todos los elementos de vida que un gobierno modelo, en sus primeros meses en marcha, puede proporcionarnos; en él podemos confiar, y mientras vela por nosotros, pensemos en nuestro adelento, seamos previsores y ahorremos[75].

El Artesano sustentaba que la desigualdad social se combatía con la formación educativa: ". . . Levanta al hombre por sobre las miserias de la vida, dándole la medida de lo que él es en la escala de los seres creados"[76]. Formación educativa que era reforzada con la educación técnica, la cual podían recibir en sus escuelas nocturnas. La biblioteca popular de 1889, contaba en sus estantes con obras tales como: *manuales* para el pintor, albañilería, ebanistería, escultura, del fabricante de velas, etc.[77].

---

(73) *El Artesano,* 6 de julio de 1889, pág. 1.
(74) *El Artesano,* 9 de febrero de 1889, pág. 3.
(75) *El Demócrata,* 26 de febrero de 1891, pág. 1.
(76) *El Artesano,* 21 d^ setiembre de 1889, pág. 1.
(77) OLIVA, Mario. Op. Cit.

En cuanto a la religión, los artesanos no fueron ateos ni anti-cristianos sino más bien mantuvieron posiciones anticlericales. Ante un ataque de la prensa católica, *El Demócrata* en 1890, contestó: "... Nosotros no hemos pretendido jamás descatolizar al pueblo con nuestros escritos, respetamos tanto las creencias ajenas, que hemos llegado a ser fanáticos a ese respecto" [78].

Tres años más tarde *El Hijo del Pueblo* apuntó al respecto "ninguno de nosotros ha pensado jamás en arrancar del santuario de la conciencia del costarricense el sentimiento de su religión, ninguno ha querido que el pueblo pierda la idea de Dios, y solo hemos deseado que no se confunda nunca los asuntos puramente civiles con los religiosos y se corten los abusos de quienes no cumplen como deben el sagrado misterio del sacerdocio. La religión tiene lugar sagrado en el corazón, en la conciencia, en el templo, y en la idea de Dios, tanto alimenta nuestras almas como alimenta la de los católicos [79].

Quizás los mayores logros de esta prensa obrerista decimonónica fue la de haber iniciado una larga campaña para formar asociaciones de artesanos, cuyo efecto cundió rápido en San José, extendiéndose a otras provincias desde los años ochenta del siglo pasado en adelante.

Ninguno de estos periódicos podría catalogarse como Socialista, aunque algunos como *El Artesano* de 1889; *El Obrero* de 1890; *El Demócrata* de 1889; divulgaron las ideas asociacionistas, mutualistas y cooperativistas principalmente. Su ideología era más bien liberal, y no desbordaba el marco ideológico de las clases dominantes.

La inconsistencia ideológica que muestran estos periódicos se debe a la ingenuidad de sus editores, lo que equivale a decir de los dirigentes del movimiento obrero de la época, que muestran un gran desconocimiento respecto de las teorías socialistas que ya eran corrientes tanto en Europa como

---

(78) *El Demócrata*, 25 de enero de 1890, pág. 2.
(79) *El Hijo del Pueblo*, 14 de setiembre de 1893, pág. 1.

en buena parte de América Latina. Estos líderes eran en algunos casos dueños de talleres o maestros artesanos, condición que les impedía ver con suficiente claridad los cambios generados en las relaciones de producción; difícilmente podían comprender el carácter de la sociedad burguesa que se estaba creando.

Sin embargo, "la hegemonía cultural de las clases dominantes ... cuando se impone con fortuna, no impone una visión de la vida totalizadora, impide ver en ciertas latitudes mientras las deja libre en otras" [80].

Por los espacios que la ideología dominante no controlaba en la visión del mundo de estos trabajadores se colaba una crítica social de denuncia, sobre las condiciones de trabajo, el encarecimiento del costo de la vida, el despilfarro del tesoro público o la mala administración de los dineros en la construcción del ferrocarril. Estos eran temas habituales en las páginas y comentarios de la prensa artesana-obrera del siglo XIX.

LAS HUELGAS   (1880—1909)

Como hemos venido observando, los cambios que necesitaba la sociedad y que impulsaba el movimiento artesanal en el siglo XIX, estaban fundamentados en tres pilares básicos: la asociación, el ahorro y la educación; formas que moldearon la agitación del movimiento al cual se le iban agregando los primeros contingentes de obreros.

La huelga en Costa Rica, y específicamente en el sector artesanal y manufacturero del que aquí nos ocupamos, es consecuencia inmediata del desarrollo industrial que atravesaba el país desde finales del siglo XIX. A comienzos del siglo XX podemos observar la implantación de algunas manufacturas, que trajeron consigo, una mayor concentración de

---

(80)   THOMPSON, E.P. *Tradición Revuelta y Conciencia de Clase.* Editorial Crítica, Barcelona 1979, pág. 60.

mano de obra en talleres o manufacturas de cierta dimensión, donde los ritmos de producción y las relaciones de producción son típicamente capitalistas; estas modificaciones las sufrieron algunos oficios tales como las panaderías, imprentas, reposterías, purerías y otros. A esto agreguemos los salarios reducidos, jornadas de trabajo excesivo y la falta de reglamentación y condiciones de trabajo.

Hemos de volver a recordar que el artesanado estaba sometido a un proceso de diferenciación donde muchos se convertían en proletarios; situación esta última que hacía posible el ensayo de nuevos métodos de lucha. La huelga en Costa Rica, como en muchos otros países [81], tuvo serios problemas de adaptación a la realidad, ya que no existían normas jurídicas que le permitieran colocarse como posible solución a un conflicto laboral. En efecto, durante todo el período que aquí estudiamos, las relaciones entre capital y trabajo quedaban fuera de la legislación. El trabajador estaba sujeto a la voluntad del dueño del taller, sometido a largas horas de trabajo y jornadas nocturnas, por salarios exiguos y pésimas condiciones de trabajo; se le pagaba la fuerza de trabajo como más le convenía al patrón; no existía legislación que se lo impidiera. Bajo estas circunstancias, los trabajadores costarricenses se vieron obligados desde comienzos del siglo XX a utilizar la huelga para mejorar su situación de por sí precaria.

El examen del cuadro No. 5 evidencia que desde las tres últimas décadas del siglo XIX se verificaron huelgas de trabajadores ligados a la integración de nuevas zonas económicas a través de una infraestructura exportadora, fundamentalmente con la construcción ferroviaria hacia los puertos, primero al Atlántico y posteriormente el Pacífico. Esta situación provocó que se contrataran trabajadores extranjeros a falta de mano de obra nativa, para la construcción de aquellas obras.

---

(81)   Para el caso mejicano es de suma utilidad. CHAVES, Sergio. ROSALES, Amada y otros. "La Huelga en México, 1857–1880". En *Historia Obrera*, segunda época, volumen No. 3, No. 12, abril 1978, pág. 2–13.

1874–1914: HUELGAS POR SECTOR PRODUCTIVO Y NACIONALIDAD
DE LOS INVOLUCRADOS

Sector	Nacionalidad	Año	Fuente
Ferrocarriles	Chinos	Enero 1874	Fallas, Op. Cit., pág. 211
Ferrocarriles	Jamaiquinos	Febrero 1879	Fallas, Op. Cit., pág. 218
Ferrocarriles	Jamaiquinos	Abril 1887	Fallas, Op. Cit., pág.. 219
Ferrocarriles	Italianos	Octubre 1888	Fallas, Op. Cit., pág. 226
Telégrafos	Costarricenses	1883	Fallas, Op. Cit., pág. 236
Ferrocarriles	Españoles	Noviembre 1893	Fallas, Op. Cit., pág. 232
Imprenta	Costarricenses	Abril 1901	Fallas, Op. Cit., pág. 241
Panadería	Nacionales-extranjeros	Mayo 1901	El Noticiero, 29 de mayo 1901, pág. 3
Panadería	Nacionales-extranjeros	Julio 1903	El Día, 15 de julio 1903, pág. 3
Imprenta	Costarricenses	Marzo 1905	El Noticiero, 7 de mayo 1905, pág. 3
Minas	Costarricenses	Noviembre 1906	La República, 29 de noviembre 1906
Muelles	Costarricenses	Diciembre 1906	El Noticiero, 9 diciembre 1906, pág. 3
Minas	Costarricenses	Enero 1907	La República, 19 de enero 1907
Imprenta	Costarricenses	Mayo 1907	Patria, 7 de mayo 1907, pág. 2
Muelles	Costarricenses	Noviembre 1908	El Pacífico, 10 de noviembre 1908, pág. 1
Plantaciones	Nacionales-extranjeros	Julio 1909	El Noticiero, 22 de julio 1909
Municipalidad	Costarricenses	Febrero 1910	La República, 20 de febrero 1910, pág. 3
Ferrocarriles	Costarricenses	Agosto 1910	La República, 17 de agosto 1910, pág. 3
Plantaciones	Jamaiquinos	Noviembre 1910	La Prensa Libre, 24 de noviembre 1910, pág. 3
Plantaciones	Costarricenses	Abril 1911	La República, 22 de abril 1911, pág. 4
Ferrocarriles	Costarricenses	Junio 1912	La Información, 20 de junio, 1912
Plantaciones	Nacionales-extranjeros	Marzo 1913	La República, 25 de mayo 1913, pág. 2
Ferrocarriles	Nacionales-extranjeros	Octubre 1913	La República, 9 de octubre 1913, pág. 1
Ferrocarriles	Nacionales-extranjeros	Enero 1914	La Prensa Libre, 19 de enero 1914, pág. 1

FUENTES: Las mismas que indica el cuadro.

Explotaron disturbios por medio de los trabajadores chinos en 1874, los jamaiquinos lo hicieron en 1879 y 1887, y los italianos en 1888.

La primera y segunda décadas del siglo XX, vieron aparecer las huelgas en las plantaciones bananeras, con los trabajadores de los muelles, con los obreros municipales (peones de obras públicas y recolectores de basura) y con los trabajadores mineros. Fue una época de intensa agitación obrera. El cuadro No. 6 muestra las motivaciones que tuvieron estos movimientos; mayoritariamente están aquellas relacionadas con la vida cotidiana de los que participaron en las agitaciones, tales como salarios no pagados, disminución de salarios, por aumento de salarios, malas condiciones de trabajo; motivaciones que tienen una importancia capital en tales movimientos.

Como advierte el profesor Rudé, intervienen otras motivaciones como por ejemplo la creencia en un tipo tosco de justicia social, que incita a los trabajadores a ajustar cuentas con los patrones [82]. También se verificó una huelga por derecho de asociación [83].

Seguidamente analizaremos dos huelgas en el sector industrial artesanal que reflejan la transición en que se encontraban los artesanos asalariados.

(82)   RUDE, George. op. cit., pág. 30.
(83)   Los trabajadores de la United Fruit Company en 1910 formaron una asociación que llamaron "La Unión", la cual organizó una huelga en el mes de agosto de ese año. Varios trabajadores fueron despedidos por pertenecer a esa asociación. *La Libre,* 7 de agosto de 1910, pág. 3.

CUADRO # 6

LOS MOTIVOS DE LAS HUELGAS
1874–1914

Motivos	# de Huelgas
Disminución de la jornada y aumento de salario	1
Malas condiciones de trabajo	2
Salarios no pagados	9
Mala alimentación	1
Despido de trabajadores	1
Diferencia de salarios: trabajadores nacionales y extranjeros	2
Aumento de salario	4
Disminución de salarios y despidos	1
Disminución de salarios	3
Defensa de derecho de asociación y rebaja de la jornada	1
Maltratos	1
Total	26

FUENTES: Las del cuadro #5.

LA HUELGA DE PANADEROS DE 1901

El 29 de mayo de 1901, el periódico *El Fígaro* informaba sobre un acontecimiento de gran envergadura en la vida nacional; "ayer a las diez de la mañana dio principio la primera huelga formal que registra la historia de Costa Rica" [84].

Desde hacía cinco días un comité formado por Víctor Cruz, Juan Vera (español), Enrique Castellano, Francisco Bonilla y Félix Montes [85] levantó un pliego de peticiones a los dueños de taller. Algunos patronos no aceptaron las demandas de los trabajadores y el 28 de mayo de 1901 los operarios de las panaderías salieron a la calle visitando las demás panaderías, y pidiendo a los trabajadores parar sus labores. Se sumaron de unos ciento cincuenta a doscientos operarios [86].

De las condiciones a que estaban sometidos diariamente los panaderos, provienen algunas de las motivaciones que provocaron la huelga: salarios exiguos y jornadas de trabajo que llegaban a catorce y quince horas diarias [87]. Los dueños de panaderías por hacerse competencia recurrían a rebajar los salarios y despido de operarios, sometiendo a los pocos panaderos asalariados de estos locales a trabajo a destajo por el mismo salario [88]. Pero también habían algunas otras motivaciones. Félix Montes, uno de los dirigentes de la huelga, en discurso en los diferentes talleres que visitaban los huelguistas, incitó a los trabajadores a revelarse contra los patro-

---

(84) *El fígaro,* 29 de mayo de 1901, pág. 3. El título del artículo era "la primera huelga". Hemos mencionado algunas huelgas producidas en el siglo pasado a raíz de la construcción ferroviaria; pareciera que el nivel de incidencia de esas huelgas sobre la comunidad nacional no fue tan grande. Ahora se trataba de una huelga en pleno centro de San José y recibía la atención de todos los medios periodísticos.

(85) *El Tiempo,* 29 de mayo de 1901, pág. 2 y 3.

(86) *La República,* 28 de mayo de 1901, pág. 2 y 3.

(87) *El Fígaro,* 29 de mayo de 1901, pág. 3.

(88) *El Fígaro,* 29 de mayo de 1901, pág. 3.

nos [89]. Los panaderos en esta ocación amenazaban con formar nuevas panaderías en donde se les pagara como debe ser [90]. Estas dos últimas motivaciones pertenecían a algunas ideas generalizadas entre los trabajadores. Había una convicción de ajustar cuentas entre el trabajador y el patrón, donde se utilizaba la huelga, método de lucha de la clase obrera. Pero también había una "vuelta hacia el pasado", tratando de recobrar su vieja condición de artesano ligado a los medios de producción; de allí la esperanza de los trabajadores de poner su propia panadería.

Esta huelga también refleja la intención de igualación de niveles. Muchos panaderos que ganaban entre cinco y seis colones diarios consideraban injusto que un compañero ganara dos o tres colones diarios [91]. El día 29 de mayo en San José escaseó el pan y su precio aumentó. La panadería josefina vendió pan añejo, y desde el 28 hacía gestiones para traer operarios de Cartago a trabajar a San José [92]. En otras panaderías a causa de la huelga, los dueños de talleres tuvieron que hacer la faena [93]. El 29 en la tarde, se firmaba un contrato ante el señor Gobernador de la provincia de San José. Sin embargo, un empresario de apellido Lamiq (francés), se opuso a varias decisiones que debían cumplir los dueños de panadería. El 30 de mayo volvieron los operarios con el Gobernador y luego donde el empresario, dispuestos a hacer efectivas las demandas [94]. El 31 de mayo los periódicos de la ciudad anunciaban el arreglo y fin de la huelga.

Puede observarse la falta de mecanismos institucionales para mediar en este tipo de conflictos, pues tuvo que recurrirse a un particular sin ningún poder para hacer cumplir un arreglo entre capital y trabajo.

---

(89)   *El Fígaro,* 29 de mayo de 1901, pág. 3.
(90)   *El Tiempo,* 29 de mayo de 1901, pág. 3.
(91)   *El Día,* 29 de mayo de 1901, pág. 3.
(92)   *El Día,* 30 de mayo de 1901, pág. 3.
(93)   *La República,* 30 de mayo de 1901, pág. 1.
(94)   *La República,* 31 de mayo de 1901, pág. 3.

LA HUELGA DE PANADEROS DE 1903

La lucha por la sobrevivencia se manifestó en el artesanado en general, destacándose por su combatividad y la adopción de nuevas formas de lucha en el gremio de panaderos. El día 10 de julio de 1903, los operarios de panaderías se declararon en huelga, la que venían preparando con varios días de anticipación. El 8 de junio pasaban una nota al gobernador, previniéndole de que no se harían responsables de las pérdidas que tuvieran los dueños de panaderías con la no asistencia de los operarios a los talleres si aquellos no les pagaban con justicia [95]. En el transcurso del día viernes 10 de julio, luego de las conversaciones entre los representantes del gremio y los empresarios, éstos últimos aceptaron las demandas de los operarios de panaderías. Los dirigentes de la huelga se dirigieron al "Salón Boliche" de los señores Esquivel, a comunicar el acuerdo, el cual indicaba que los patrones se comprometían a pagar los sueldos exigidos; el trabajo no pasaría de las tareas por ellos señaladas y en ninguna panadería se les daría trabajo a operarios que no pertenecieran al gremio [96].

En el mitín de ese día, hablaron Félix Montes, Abraham Madrigal, Juan Vera (español), Juan Francisco Brenes y Juan Acuña; todos pertenecientes a la "Sociedad El Ejemplo". El ambiente era tenso, pero no se llegó a la violencia. Durante la reunión en el Salón Boliche, la policía se hallaba en las afueras del recinto para sofocar cualquier desorden, caso de ocurrir [97]. Aprobados los acuerdos, los panaderos volvían a sus trabajos, celebrando su triunfo silbando y cantando. Se arrió la bandera del gremio que desde las 5 de la mañana estaba izada en el local del club.

(95) *El Noticiero,* 10 de julio de 1903, pág. 2.
(96) *El Noticiero,* 11 de julio de 1903, pág. 2.
(97) *El Día,* 15 de julio de 1903, pág. 3.

Al día siguiente, sábado 11 de julio, el Sr. Eugenio Lamiq, uno de los empresarios, se negó a pagar a los operarios en la tarde de ese día [98]. El empresario argumentó que el gremio lo presionó para que despidiera al "mandador" de la panadería, un hombre llamado Rafael Machado [99], de mucha confianza del Sr. Lamiq. El gremio nombró su propio inspector.

El día lunes 13 de julio, las cosas se agravaron, Lamiq despidió a los operarios del taller. Enervado por la situación sostuvo que ya no soportaría más atropellos [100]. Ese mismo día y durante la noche, grupos de panaderos rondaban la casa del empresario y formaban grupos de vez en cuando frente a la puerta principal de su taller [101].

Lamiq, de origen francés, informó a su Cónsul y éste pidió al gobierno solucionar con energía dicho problema. Así se hizo y para ello se dictaron los acuerdos: el día 14 de julio el acuerdo No. 58 y días más tarde, apareció otro conocido como el acuerdo No. 60 a ese efecto.

Pero, de qué se trataban esos acuerdos? El No. 58 señalaba entre otras cosas que la referida asociación "El Ejemplo" no tenía otro objeto que el de dictar su voluntad a los patronos por medio de la huelga o amenaza. Que los escritos de esa corporación incitaban a los demás gremios a levantarse; amenazaban la tranquilidad pública e intentaban introducir cierto germen, explicable en otros países por lo exiguo de los salarios y penoso y exagerado de la tarea. El acuerdo concluía en disolver la sociedad "El Ejemplo" por medio de la acción policial [102].

---

(98) *El Día,* 15 de julio de 1903, pág. 3
(99) En realidad uno de los acuerdos firmados por los empresarios era el no aceptar operarios que no pertenecieran al gremio, y éste se había retirado de la sociedad "El Ejemplo", agrupación de los panaderos.
(100) *El Día,* 15 de julio de 1903, pág. 3.
(101) *El Noticiero,* 15 de julio de 1903, pág.2.
(102) *La Gaceta Oficial,* 15 de julio de 1903, pág. 3.

El acuerdo No. 60, del día 17 de julio, consideró que Juan Vera Córdoba, español, era uno de los promotores de la Sociedad "El Ejemplo" y que había influido en aquel grupo con un espíritu de revuelta altamente perjudicial, y de infundirle teorías de anarquismo, cuyo desarrollo urge contener con toda energía, por lo tanto se le expulsaba del país[103]. A la una de la tarde del 15 de julio, fue hecho preso Félix Montes y Juan Vera Córdoba, quienes habían huído a Cartago[104]. El día antes, el presidente del gremio, Francisco Pérez había sido detenido[105].

A esta altura debemos preguntarnos por qué los acontecimientos que en un principio parecían tan sencillos, se transformaron en una pesadilla para los trabajadores, que no solo vieron violentar y disolver su local y asociación, sino que dos de su dirigentes fueron dados de alta y acusados de anarquistas, y otro expulsado por este último motivo. Los acuerdos No. 58 y No. 60, estaban basados en un informe policiaco que tenía la clara intención de inculpar a la asociación de ilícita, provocadora de huelgas e incitadora de revueltas. Y por otro lado acusar a alguno de sus dirigentes con el estigma de anarquista.

Las diligencias[106] previas a la disolución del gremio de panaderos y la detención de los dirigentes comenzaron el día 13 de julio. Se presentaron seis personas a declarar entre las cuales estaban Eugenio Lamiq (empresario), dos panaderos de confianza de Lamiq, Rafael Machado y Leonardo Chacón; un policía, Ramón Prendas; un agricultor, Máximo Solano y Félix Pérez (español).

---

(103) *La Gaceta Oficial,* 19 de julio de 1903, pág. 1.
(104) *El Noticiero,* 16 de julio de 1903, pág. 2.
(105) *El Noticiero,* 16 de julio de 1903, pág. 2.
(106) La información que sigue la he tomado del informe policial, Congreso No. 4316, 18 de julio de 1903, varios folios.

Con base en el juicio de estos testigos, por lo demás nada imparciales, el ejecutivo tomó los acuerdos mencionados. Veamos cómo se montó la acusación por parte de la policía. Una de las preguntas que se le hacía a los declarantes era: "Usted, que asistió a la reunión del viernes 10 de julio que celebró el gremio de panaderos en el salón Boliche, sírvase decirme ¿qué de extraño notó en los discursos que pronunciaron algunos miembros de dicha agrupación? A la cual respondían lo siguiente: me llamó la atención el pronunciado por Félix Montes, pues en él se nota el principio de anarquía, el cual decía "si los dueños de panadería no cumplen con lo que han firmado, hasta los cimientos de sus edificios se irán al suelo. Por eso exito a mis compañeros que si por llevar a cabo nuestros propósitos hay que servir de trinchera, tendremos que servir como tal". Juan Vera hizo suyas las palabras de Félix Montes. Este último entre sus muchas frases dijo "que si los dueños de establecimientos no cumplían con lo que habían firmado, él se comprometía hacer volar hasta los cimientos de los edificios y manifestó que él era el último soldado del gremio, pero que estaba en esa disposición y por consiguiente esperaba de sus compañeros que tuvieran las mismas ideas, se amoldaran en una misma opinión para que secundaran sus propósitos".

Los informantes también distinguieron a los jefes del movimiento, entre los cuales estaban: Félix Montes, Juan Vera, Juan Acuña, Juan Francisco Brenes y a su consejero Máximo Fernández.

Es difícil contrarrestar este informe que sirvió como base para reprimir a sus dirigentes y su asociación; la falta de fuentes no permite un acercamiento balanceado de la realidad; pero con las que tenemos hemos de insistir en algunas cuestiones. Las características de los testigos deben ponernos a pensar en que sus respuestas estaban prejuiciadas y eran muy subjetivas pues provenían de personas ligadas directamente con el empresario en cuestión, o por personas que habían tenido problemas con el gremio. Otros eran policías.

Sobre el carácter de los discursos, como por ejemplo la afirmación de "que serían destruidos hasta los edificios si los empresarios no cumplían las peticiones de los trabajadores", debemos pensar que estaban inscritos dentro de un discurso más grande y que es difícil darse cuenta de su significado real. Hecho en una de las reuniones, el discurso se caracterizaba por frases rebuscadas, hinchadas de emoción y muy elocuentes. Los periódicos de la época publicaron parte de los discursos de ese día de Félix Montes y Juan Vera. Ninguno mencionó los aspectos que toca el informe, lo que nos hace dudar aún más de tales afirmaciones. Aunque en los discursos de la prensa se nota el mismo estilo, nadie los acusaba por tales frases.

Los panaderos, el 16 de julio, mandaron una solicitud al Congreso donde reclamaban los derechos de asociación y pedían que sus compañeros fueran puestos en libertad, ya que no se les había probado delito. También los panaderos sostuvieron que de ninguna manera habían atentado contra la vida ni hacienda de sus patrones, y refutaban como calumnioso el informe policial [107].

Las determinaciones tomadas por el gobierno en contra de la organización y sus dirigentes, en parte se explica por las concepciones sobre la huelga existentes en la época.

En el mes de junio de 1903, el Congreso y el Ejecutivo sancionaban un tratado de extradición y protección contra el anarquismo [108].

La prensa conservadora de la época creó un clima propicio para la acción del gobierno. *El Noticiero* del 15 de julio de 1903, titulaba uno de sus editoriales "hacia el anarquismo", donde sostenía que "la huelga de panaderos por la que aún estamos atravesando nos lleva al convencimiento de lo peligroso que sería la aclimatación de esta planta exótica en esta tierra". Este periódico relacionaba mecánicamente huelga como igual a anarquismo.

---

(107) *El Derecho,* 16 de julio de 1903, pág. 2.
(108) A.N. Sección Congreso, No. 2885. Tratado de extradición y protección contra el anarquismo, 2 de julio de 1903. Este había sido firmado el 28 de enero de 1902, por los delegados de los países que asistieron a la segunda conferencia internacional americana.

Los legisladores costarricenses no supieron enfrentarse; no vieron que la huelga era una consecuencia del nivel de desarrollo del capitalismo en el país. La represión ejercida, por un lado obedece al papel del estado como defensor de la propiedad privada; por otro, a una óptica limitada de la realidad de ese momento. En una época donde no existía legislación alguna para fijar el precio de la fuerza de trabajo, el único medio para hacerlo era la huelga. La experiencia en otros países había demostrado que la unidad de la lucha había tenido resultados positivos; los trabajadores costarricenses conocieron estas experiencias y se lanzaron a la huelga [109].

¿Qué papel jugó el español Juan Vera en la enseñanza de los métodos de lucha empleados en Europa? La respuesta no puede ser tan contundente como quisiéramos[110]. Las pruebas que se presentaron para acusar a Juan Vera de anarquista fueron realmente escuálidas y ya las analizamos cuando hablamos del informe policial. Tampoco fueron sometidas a proceso judicial alguno, que permitiera conocer, a través de su defensa, algunas ideas que sustentara.

El otro aspecto que revela el apresuramiento del gobierno en su acusación, es que Juan Vera tenía de radicar en el país catorce años [111] y había hecho pan desde esa época. Se le acusó junto con sus compañeros de sembrar el germen anárquico a raíz de una huelga pacífica para fijar

---

(109) Un comunicado de la "Sociedad El Ejemplo" al Congreso Constitucional rezaba: "Desgraciadamente, para fijar nuestras condiciones, fue preciso organizar una huelga pacífica como se hace en todo pueblo culto del globo. *El Derecho*, 16 de julio de 1903, pág. 2.

(110) Lo único que se conoce de este personaje es que llegó a Costa Rica en 1889 proveniente de las Islas Canarias, España, de oficio panadero, el cual había desempeñado en el país desde su llegada. No sabía leer ni escribir. Murió en el destierro.

(111) *El Derecho*, 10 de julio de 1903, pág. 2.

salarios con los patronos[112]. Juan Vera había participado en la huelga de 1901 y era vocal de la Sociedad "El Ejemplo". Tenía una limitación, aunque no rotunda, sí de cierta consideración, y era el hecho de no saber leer ni escribir [113]. Sin embargo, esta deficiencia, no le impedía a Vera tener ideas políticas y haber aprendido algunas ideas y tradiciones obreras oralmente. En esa época era común no saber leer y escribir entre los trabajadores; pero eso no los relegaba de la política.

Cuando se firmó el acuerdo donde los patronos se comprometían a cumplir las exigencias de los panaderos (10 de julio), Juan Vera dijo: "La constitución del gremio ha venido a redimirnos de la esclavitud a que estábamos sometidos por los patrones. Honor, dignidad y unión nos dieron el triunfo"[114].

En 1915, después de 12 años de la huelga, Juan R. Pérez (panadero), comentaba con nostalgia que Juan Vera había muerto en el ostracismo, allá en una costa mortífera, donde lo llevaron los enemigos del proletariado[115]. Y Félix Montes (el negro soñador), recordaba: "En su período de actividad cuando erguido como un atleta empezó a modular en su lira de hierro, los primeros signos de protesta que escucharon las clases trabajadores del país". Este panadero, al parecer tuvo una considerable influencia entre sus compañeros, al despertarles el sentimiento de clase a sus compañeros[116].

---

(112) El editorialista de *El Derecho* decía: "Y es además, un violento contra-sentido tratar como a rabiosos anarquistas, a pacíficos y honrados trabajadores, anteponiendo antes que ese germen (se refiere al anarquismo) aún no se ha desarrollado en Costa Rica". Dos días antes el mismo periódico con indignación sostenía: "Cómo se les ocurre perseguir a honrados trabajadores. ¿A quién le han encontrado un cartucho de dinamita o un libro de Proudhon o de Kropotkin, materias aún más explosivas? *El Derecho*, 20 de junio de 1903, pág. 2.

(113) *El Derecho*, 21 de julio de 1903, pág. 2 y A.N. sección Congreso, No. 4316, 1903.

(114) *La Prensa Libre*, 10 de julio de 1903, pág. 3.

(115) *La Unión Obrera*, 18 de julio de 1915, pág. 1.

(116) Utilizó el término "sentimiento" para diferenciarlo al de conciencia de clase que veremos en el capítulo que sigue.

Era un hombre sumamente creativo, con una capacidad natural para la escritura y una considerable erudición autodidacta (como muchos de sus compañeros de la época); de estas cualidades han sobrevivido dos muestras: la primera es parte de un discurso pronunciado el 10 de julio de 1903, en el mitín del Salón Boliche: "Esa nueva Bastilla que se levanta, esa caverna, no de tigres ni de panteras, sino de algo más de chacales que se asociaban no en cuerpos inertes y podridos, sino en el sudor frío de los panaderos que siempre esperando con estoica paciencia el momento en que la lucha por ella pueda colocar el nuevo calvario de la humanidad, la cruz que sobre sus hombros pesa, la cruz del exceso del trabajo, la santa cruz de redención [117].

El segundo, se trata de un himno en ocasión de la fundación de la sociedad "El Ejemplo".

Del panadero el estandarte ya se iza
En su club de santa redención,
Sacudiendo enérgico y soberbio
Ese yugo que impone el patrón.

¡A unirse! ¡A trabajar! A alistarse,
Al amparo de una sola bandera
Y en marcha triunfal sobre la mañana
A alcanzar el porvenir que nos espera.

Adelante panaderos entusiastas,
Siempre fuego . . . en la lucha por la vida,
Fuego . . . y más fuego en la lucha vencida
Hasta que caiga la odiosa esclavitud.

Zapateros, carpinteros, albañiles
Sed la vanguardia en el simulacro que se ensaya
Que el martillo, el formón y la cuchara
Rompan el fuego en las líneas de batalla.

---

(117) *La Prensa Libre*, 10 de julio de 1903, pág. 3.

¡Siempre unidos! ¡Siempre compactos!
¡Todos los gremios, todos en guardia!
Rompan el fuego por todas partes
Donde el trabajo se halle humillado.

Y mañana en el campamento de la patria
Repartiremos la corona de la gloria
Y después, de rodillas en su templo
Dedicaremos nuestros lauros a su historia.
¡Viva la patria! ¡Viva el trabajo!
¡Viva el obrero! ¡Viva la unión!
Vivan los gremios todos hermanos
Muera por siempre la humillación[118].

Tanto el discurso como el himno reflejan el lenguaje de los primeros socialistas costarricenses quienes tenían una fuerte inclinación al misticismo, pues su discurso es religioso-político, en un ambiente secular. Los vocablos "santa redención", "al amparo", "repartiremos la corona de la gloria", "y después de rodillas en su templo", muestran que se trata de un vocabulario religioso, tratándose de adaptar a las nuevas ideas de regeneración social de los trabajadores[119].

En otro orden de cosas hemos de decir que la organización iba cobrando un nuevo sentido al impulso del capitalismo, la Sociedad "El Ejemplo", se había organizado hacía dos meses y sus objetivos eran: 1) mejorar la situación económica de sus miembros, 2) establecer una panadería para

---

(118) *El Noticiero,* 12 de julio de 1903, pág. 3.
(119) Análisis insustituibles sobre las variaciones del lenguaje en este tipo de movimiento para el caso español. ZAVALA, Iris. *Románticos y Socialistas.* Editorial Siglo XXI, España, 1972. FORCADELL, Carlos. *Parlamentarismo y Bolchevización en España (1914–1918).* Editorial Grijalbo, España, 1982.

proporcionar trabajo a los socios que no lo tengan, 3) formar una caja de ahorro que reciba las economías de sus miembros, 4) procurar el progreso intelectual y moral de sus asociados.

Era una organización con las características de una cooperativa y llevaba la impronta artesanal. Sin embargo, adoptaron el método de la huelga para fijar sus salarios. Esto estaba relacionado con el hecho de que los miembros de la sociedad "El Ejemplo" estaban proletarizándose. De allí que esa organización canalizaba sus demandas más inmediatas.

La "Sociedad El Ejemplo" significó una ruptura con las posiciones de organizaciones como "La Liga de Obreros" que se preocupaba por la acción parlamentaria y era dirigida por los artesanos dueños de talleres, con una actitud de indiferencia [121] ante la huelga de 1903 la cual refleja en el fondo indicios de que los intereses de artesanos dueños de taller y artesanos asalariados y obreros, como el capital, comenzaban a ser diferentes.

(120) A.N. Sección Congreso. No 4316. Estatutos de la Sociedad "El Ejemplo", 16 de julio de 1903.
(121) *El Heraldo*, 14 de mayo de 1905. Domingo Quirce refiriéndose a La Liga de Obreros dijo: "Que él jamás sería partidario de personas que ostilizaban a los obreros, como sucedió con los panaderos.

Trabajadores del Ferrocarril al Altántico año de 1910 (Archivo Frank Ulloa)

A principios del siglo XIX era común ver niños laborando en las industrias de reciente gestación. (Archivo Guillermo Jiménez)

Interior de talleres de San José a comienzos del siglo veinte. (Archivo Guillermo Jiménez)

Obreros de la construcción edificando el edificio del cine Adela (Archivo Guillermo Jiménez).

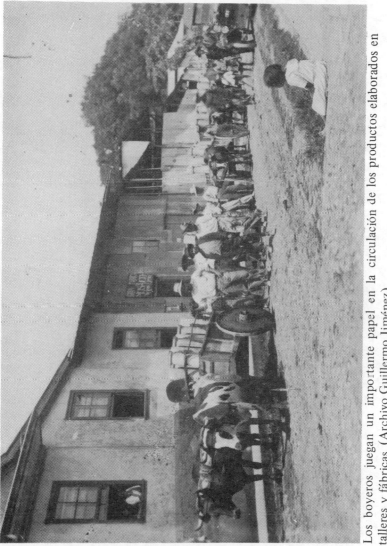

Los boyeros juegan un importante papel en la circulación de los productos elaborados en talleres y fábricas (Archivo Guillermo Jiménez).

CAPITULO III

CAPITOLO III

HACIA UNA CONCIENCIA DE CLASE

Entre 1909 y 1914, es posible hablar de formas distintas o nuevas de la conciencia del pueblo trabajador [1] donde se desarrollaron formas correspondientes de organización, movimientos educativos, esfuerzos por mantener sus propias publicaciones y forjar una conciencia de clase trabajadora; que no se limitaba a la lucha por reivindicaciones económicas sino que la balanza comienza a inclinarse a favor de los temas sociales; accidentes de trabajo, explotación de niños, discriminación racial, vivienda, un porvenir mejor; cuestiones que presuponían organización y acción continua. No es un fenómeno estrictamente nuevo, pero en estos años asume formas más conscientes, organizadas y articuladas.

Estas instituciones y formas de conciencia son un testimonio tangible de la existencia de esa formación obrera [2], que no fue producida estrictamente por una industrialización;

---

(1)   Esta observación de que la conciencia de la clase trabajadora es un fenómeno histórico ha sido desarrollada por Thompson. *La Formación histórica de la clase obrera Británica.* Tomo III. Editorial Laia, Barcelona, 1977, pág. 365.
      HOBSBAWM, Eric. "Aspectos de la historia y la conciencia de clase". Compilación de Istvan Mezzaro. *La Conciencia de clase en La Historia.* UNAM, México, 1973, pág. 11. 32.
(2)   Es sumamente útil sobre la conciencia de clase, el trabajo de MEIKSINS Wood, Allen. "El concepto de clase en E.P. THOMPSON". En *Cuadernos políticos,* No. 36, México, abril-junio, 1983, pág. 87−105.

sino por oficios artesanales, algunas manufacturas y principalmente de talleres menores, que constituyen el eje del movimiento laboral de aquellos años; junto con una decena de intelectuales radicalizados.

Luego de la huelga de panaderos de 1903 y la secuela de represión por parte del gobierno, la organización sufrió un período de reflujo. Las sociedades mutualistas siguieron apareciendo pero sus actividades eran mínimas; mientras métodos de acción, como la huelga en el sector artesanal, se contuvieron algunos años.

En 1906 los obreros de Costa Rica recibían una invitación para asistir al Primer Congreso de Obreros del área centroamericana en el vecino país de El Salvador. La fecha de realización sería el 15 de setiembre de ese año [3]; lo formarían un representante por cada una de las sociedades que aceptara la convocatoria. *La Prensa Libre* se preguntaba: "¿Hay entre nosotros tales sociedades? Ni con mucho, ni con poco cuadra el nombre a ningún círculo nuestro. En nombre de quién se hubieran presentado, pues, los representantes. En nombre de los artesanos costarricenses está bien, pero ello habría dado la medida del espíritu de desunión que reina en la clase, desde que solo habría ido una delegación y ésta en nombre de la clase artesana, no de la sociedad tal o cual.

Y luego, qué sociedad habría puesto aquí en práctica más o menos las conclusiones del Congreso" [4].

Cuando se recibió la invitación a dicho congreso se formó "la junta especial de obreros independientes" que sería la encargada de todo lo relacionado con el financiamiento y elección de los delegados [5].

---

(3)   *Patria,* 4 de agosto de 1906.
(4)   *La Prensa Libre,* 3 de setiembre de 1906, pág. 3.
(5)   *La Prensa Libre,* 1 de octubre de 1906, pág. 3.

Fueron años difíciles desde el punto de vista de la organización del movimiento. No obstante, era difícil que desapareciera la experiencia, las teorías propagadas, los medios discutidos y aplicados por el movimiento artesano-obrero en los últimos treinta años.

LA EDUCACION ENTRE LOS TRABAJADORES

Durante las dos primeras décadas del siglo XX, el movimiento hizo grandes esfuerzos por extender el conocimiento entre los trabajadores, tarea ayudada por sus periódicos, revistas, escuelas nocturnas, centros de lectura y conferencia. A pesar de que miles de trabajadores no sabían leer ni escribir no por ello debemos concluir el que no fueran hombres preocupados por la política o no tuvieran ideas políticas. Las formas de instrucción en la época, entre los trabajadores, eran muy variadas y efectivas. Los Monteristas por ejemplo en la década del noventa del siglo pasado visitaban continuamente los talleres de trabajo discutiendo y propagando sus ideas [6].

En 1901 la Liga de Obreros en sus locales dictada conferencias de interés para sus asociados; se hablaba de los asuntos del día; se daban clases o lecciones, lecturas instructivas; ya sea de periódicos del país o extranjeros; ya sea de buenos libros que trataban asuntos de inmediato interés para la Liga [7].

---

(6)   *El Derecho,* 27 de diciembre de 1901, pág. 2. El término *monterista* se utilizaba para distinguir a los que apoyaban a Arcadio Montero en el siglo XIX.

(7)   *El Día,* 27 de diciembre de 1901, pág. 1. Más entrado el siglo XX estas prácticas eran comunes no solo en los clubes o lugares de reunión de los trabajadores, sino en los talleres, "eran muchos los que compraban el periódico todas las mañanas, camino del taller, para leerlo de cabo a rabo, en voz alta muchas veces, antes de comenzar a trabajar". Véase FALLAS, Carlos Luis. *Tres Cuentos.* Editorial Costa Rica, 1980, pág. 71.

El Día en 1902, informaba que a iniciativa del señor Ezequías Marín se abriría en San José una escuela nocturna para el beneficio de la clase obrera. Las clases eran en el Edificio Metálico, y funcionaban de 7 a 9 p.m. Se impartía castellano, aritmética, escritura, dictado, geometría, moral, instrucción cívica, contabilidad y geografía. La matrícula era de dos colones mensuales. Al inicio contó con 70 alumnos, un año más tarde la asistencia estaba cercana a los 200 alumnos [8]. Ese mismo año los artesanos de Cartago solicitaban al inspector de escuelas de esa provincia, recibir lecciones al igual que los artesanos de San José [9]. En mayo de 1898 se inauguraba la Escuela de Adultos de Puntarenas [10]. En 1904 se abría el salón de instrucción y recreo de Desamparados, donde había una hora de lectura en voz alta [11].

El periódico *Sanción* con cierta orientación obrerista se mostraba entusiasmado en 1908 por la acogida que había tenido entre los obreros del taller. El jueves era un día de fiesta en el taller porque aparecía *Sanción* con un nuevo pensamiento libertario.

"El viejo zapatero —comentaba un periódico de la época— aquel que ha estado el día cortando los capellados de becerro, de suela, de charol o de place (sic) sobre un mostrador, regresa por la tarde a su hogar, allí donde la atmósfera de cariño llena el ambiente, sobre una mecedora de petatillo, se sienta, llama a la chiquilla Rosalía, la de doce años, que frente a la casa juega a las muñecas con otras niñas y poniendo en sus manos el periódico que el repartidor acababa de dejar bajo la puerta, le rogaba que le leyera las noticias del día pues a él le duelen los ojos" [12].

(8)   *El Día,* 30 de abril de 1902, pág. 2. *El Día,* 30 de abril de 1903, pág. 2.
(9)   *El Día,* 19 de marzo de 1903.
(10)   *El Pacífico,* 7 de mayo de 1898.
(11)   *La Aurora,* 17 de diciembre de 1904, pág. 2.
(12)   *Hoja Obrera,* 7 de noviembre de 1909, pág. 1.

La labor del obrero tipógrafo parece haber sido más activa en este último sentido: el obrero tipógrafo cuando termina su labor se dirige al hogar, y allí lee el periódico a la madre y a la esposa, al hermano, al amigo [13]. Juan Chaves Monge, de oficio tipógrafo, nos confesó que en la década de los diez los periódicos se leían en voz alta en los talleres, el operario que no sabía leer o escribir siempre era ayudado por sus compañeros para conocer una noticia o mandar una carta [14]. La lectura en voz alta en los talleres, es una de las luchas anónimas del naciente proletariado, marginado sistemáticamente de la historia cultural en el país [15].

A comienzos de la segunda década de nuestro siglo, se crearon en muchos lugares centros de estudio o de lectura: en 1912 en Santo Domingo de Heredia se fundaba un centro público de lectura de periódicos, de revistas y de libros. Los organizadores solicitaban ayuda de materiales a *Hoja Obrera*[16]. En San José en 1913 se fundaba una sociedad de lectura, organizada por dos maestros, tenían varios meses de funcionar y contaban con valiosos libros y revistas: su objetivo era fomentar la lectura en las diversas clases sociales para nivelar de ese modo su cultura intelectual [17]. En 1913 se inauguraba en Guadalupe un salón de lectura llamado Salvador Jiménez; en él había revistas y periódicos del país y extranjeros; además se daban clases de música, inglés, aritmética, castellano y geometría [18]. El club de la juventud obrera, creado en 1914 tenía como propósito no sólo el recreo de sus asociados sino la lectura [19].

---

(13) *La Aurora Social,* 17 de mayo de 1913.
(14) Entrevista hecha al obrero tipógrafo Juan Chaves Monge de 92 años. Dicha entrevista se realizó en el mes de marzo de 1984 en la casa del señor Chaves Monge.
(15) Véase un extraordinario estudio sobre la lectura en: FORNET, Ambrosio. "La Lectura proletaria y cultura nacional". "Revista *Casa de las Américas,* No. 93, Cuba. Noviembre-diciembre 1975.
(16) *Hoja Obrera,* 23 de enero de 1912.
(17) *La Prensa Libre,* 16 de enero de 1914, pág. 3.
(18) *La Prensa Libre,* 30 de abril de 1913, pág. 1.
(19) *La Prensa Libre,* 13 de febrero de 1914, pág. 2.

Pero no solo se discutía en los centros de lectura de las grandes o pequeñas localidades, sino, que la taquilla o taberna y los billares eran centros propicios para la difusión y discusión de ideas. El Obispo Thiel en un estudio que realizara sobre el alcoholismo en 1893, argumentaba que los sábados por la tarde y parte del domingo las tabernas y billares estaban llenas de trabajadores. Y agregaba, allí aprenden a despreocuparse, a burlarse de la religión y de las prácticas religiosas, allí se oyen las blasfemias más horrorosas, allí se ocupan en censurar la conducta de las autoridades y hacer política a su modo, cuyo fuerte consiste en criticarlo todo. Allí en las taquillas, estudian la nueva religión universal (el liberalismo) y ridiculizan los dogmas de la religión arrastrando por el lodo la sagrada persona del Salvador, de los obispos y sacerdotes, negar atrevidamente el infierno y todo cuanto se opone a la sensualidad y a las pasiones y busca separarse de él [20].

El Noticiero publicó una discusión ocurrida en una taberna en 1907, veamos parte del editorial: "Discutían antier noche en una taberna de la avenida doce, ésta propiedad de Patricio Barrios, tres amigos obreros tremebundos socialistas que respondían a los nombres de Leopoldo Alvarado, Nicasio Jarquín y Belisario Ureña.

Alvarado es de los moderados, Jarquín de los exaltados y Ureña término medio pero con pronunciadas tendencias anarquistas. . . se discutía sobre la repartición de la tierra, las diferencias de opinión produjo un bochinche y fueron detenidos por la policía" [21].

(20)   THIEL, Bernardo. *Vigésima novena carta pastoral.* 6 de enero de 1893.
(21)   *El Noticiero,* 1 de agosto de 1907, pág. 3.

Es posible que este tipo de discusiones fuera frecuente en estos lugares; nos ha quedado otro retrato. El ácrata Don Aníbal quien no toleraba la explotación, y había leído, según el editorial de *La Prensa Libre* en 1913, todos los autores que han censurado al aristócrata y también al cochino burgués abusivo que conculca los sacratismos (sic) derechos del proletariado; provocó el siguiente incidente: el escenario fue una taberna luego de unas copas, Aníbal comenzó a discutir sobre la necesidad de la revolución y que anegase las calles de sangre de aristócratas, de sangre de directores. Pero no era demasiado honor eso de que luego la sangre de los inicuos fuera recogida por los dignos obreros que barren las calles. Mejor era electrisarlos y reducirlos a pavesas luego. Y fue entonces cuando dirigiéndose a los tiranos los apostrofó con esta frase rotunda: "Los que hacen que durmamos en inmundo chiquero". Alguien del auditorio lo increpó diciendo "¡Tu abuela!" y se produjo una ardorosa pelea y el encarcelamiento por esa noche del conocido ácrata Don Aníbal [22].

LAS PREOCUPACIONES SOCIALES

En aquellos días la prensa conservadora se empeñaba en convencer a sus lectores de que en Costa Rica no existían desigualdades o trataban de conciliar las clases sociales. *La Prensa Libre* publica en 1909 una serie de artículos firmados por Luis Dobles Segreda que intentaban persuadir a los trabajadores diciendo . . . "Todos los obreros deben encariñarse con su patrón, empeñarse en el auge de la fábrica porque ese empeño y ese cariño serán propicios para el futuro. . . cuando el amo pueda mirar con confianza al subalterno y éste pueda

---

(22) *La Prensa Libre,* 29 de diciembre de 1913, pág. 2.

ver en el patrón un protector justo y bueno, una relación íntima que da por resultado el bienestar de ambos [23].

A comienzos de ese mismo año luego de hacer referencia sobre las desigualdades en Europa, el editorialista de *La Prensa Libre* se preguntaba, "¿tendremos verdaderamente clases de nobles y plebeyos en Costa Rica? Al menos no lo veo: no encontramos ricos ni pobres; porque todos somos pobres con raras excepciones. De cuáles reivindicaciones sociales podrían hablar los obreros de este país"[24].

Un artesano en diciembre de 1909 consideraba inútil para la causa obrera fomentar odios, el rumbo que debían tomar los trabajadores era la difusión del espíritu . . . trabajo tenaz [25]. El artesano Arístides Rodríguez colaborador de *Hoja Obrera* sostenía que el aumento del jornal, valiéndose de la huelga es procedimiento de guerra; ingenuamente proponía disminuir los gastos del obrero, procedimiento de paz fundado en el bienestar social, el que llevaría al amor que debían a todos sus hermanos [26].

Es posible que esta conciencia conciliadora entre las clases sociales tuviera muchos seguidores entre los trabajadores. En 1912 un artículo firmado bajo el seudónimo de "Lili" dirigido a los patrones de empresas tipográficas, publicado en *Hoja Obrera,* se señalaban las grandes injusticias a las que era sometido el obrero tipográfico: sueldos raquíticos, jornadas de trabajo interminables, no pago de días feriados. La solución que proponía era la unión solidaria entre patronos y obreros, invitaba a los patrones a solucionar los problemas de los obreros [27]. Sin embargo, la conciencia de los trabajadores estaba presente; quizás no era tan fuerte como para volcar el movimiento y darle un carácter totalmente proletario pero ahí estaba presente en estos años.

(23)   *La Prensa Libre,* 29 de diciembre de 1913, pág. 2.
(24)   *La Prensa Libre,* 6 de enero de 1909, pág. 2.
(25)   *Hoja Obrera,* 19 de diciembre de 1909, pág. 2 y 3.
(26)   *Hoja Obrera,* 12 de diciembre de 1909, pág. 2.
(27)   *Hoja Obrera,* 16 de enero de 1912, pág. 1.

Ovidio Rojas (tipógrafo) quien entendía con mayor claridad la contradicción capital y trabajo, contestaba con indignación a "Lili": "¿Qué es eso de unión solidaria entre los obreros tipógrafos? ¿Qué es esa súplica misericordiosa a los patrones que hace "Lili" en *Hoja Obrera*? La queja estentórea es un aletazo sordo de buitre cansado en los oídos de los patrones. Recordemos el pesado yugo que nos oprime diariamente, pero sin frases suplicantes y sin postrarnos de hinojos ante nuestros verdugos . . . "[28].

Tampoco es necesario que aceptemos sin reservas juicios como el de *La Prensa Libre* cuando preguntaba de cuáles aspiraciones sociales podría hablar el obrero costarricense, pero nos servirán para comprender que el movimiento obrero tuvo que enfrentarse a estas posiciones conservadoras, de conciliación y alejadas de la realidad.

El movimiento artesanal-obrero tenía para estas fechas muchas aspiraciones de corto alcance como de largo plazo. Ya hemos señalado los problemas de vivienda entre los trabajadores, las largas jornadas de trabajo y salarios reducidos a los que eran sometidos los trabajadores, accidentes de trabajo, la incorporación de niños y mujeres a la producción, la discriminación racial y otros. La explotación se hizo cada vez más transparente, el movimiento empezaba a luchar por sus reivindicaciones, lucha que no se circunscribía solo a la clase trabajadora sino a reformadores sociales que vieron esta época como una de gran injusticia. Prueba de ello es que el parlamento desde principios de siglo comenzó a discutir diferentes proyectos tendientes a brindar mayor seguridad al trabajador, como las leyes de accidentes del trabajo[29], proyectos sobre la vivienda, reglamentos sobre salarios y otros.

---

(28) *La Prensa Libre,* 20 de enero de 1912, pág. 3.
(29) Véase una historia sobre leyes de accidentes de trabajo en MONGE Alfaro, Carlos. *Nuestra historia y los seguros.* Editorial Costa Rica, San José, 1974, pág. 79—130.

Es evidente que muchas de estas luchas no eran exclusivas del movimiento artesano de la época sino de otros sectores sociales; en 1913 a raíz de una serie de accidentes de trabajo en infantes, la opinión pública se manifestaba en favor de una ley de accidentes laborales, y atacaba la codicia de los patronos. El periódico *La República* se refería a un accidente de trabajo ocurrido a un niño que no llegaba a los diez años de edad, al cual le había mutilado una mano la máquina de un taller de carpintería. El propio niño narró su desgracia: "Ganaba dos reales día -dice- y me incorporaron tareas superiores a mis fuerzas. Cuando me ponían a cepillar reglas delgadas, que manejaba fácilmente, podía hacer el trabajo sin gran peligro. Pero ese día el maestro me aconsejó que cepillara unas piezas más grandes en las que tenía que emplear las dos manos, sosteniéndolas con la izquierda hasta que llegaran al cepillo, que no tenía cubierta; y como la madera pesaba demasiado para mí, me llevaba con mi propio peso, hasta que la máquina me cogió la mano, destrozándola por completo. . ."[30]. El niño fue arrojado a la calle sin pago de ninguna especie. Este párrafo sirve para apreciar lo inescrupuloso que podía ser un industrial en aquella época, pagando irrisorios jornales a niños y así evitarse pagar un salario más alto a un obrero adulto.

En julio de 1910 varios obreros de diversas fábricas de la capital, manifestaban con convicción que sus patronos: "Personas acaudaladas de esas que hacen la digestión recréandose con los billetes de banco que han sabido ahorrarle las fuerzas de sus brazos y lo escasamente que se les retribuye su trabajo, se satisfacen atrasándoles sus jornales que ellos necesitan para salvar religiosamente compromisos y la manutención de su familia durante la semana. También hay talleres y fábricas donde hacen al obrero entrar y salir después de la hora. Este grosero proceder debía ser sancionado y no será lejano el día, en que retratarán de cuerpo entero a los repletos patrones

---

(30) *La República*, 25 de abril de 1913, pág. 2.

que lejos de considerar la mala remuneración se gozan haciendo angustiosa y hostil la vida de esos esclavos humildes del trabajo"[31].

El 20 de febrero de 1910 en *Hoja Obrera* se leía: "Por los que desde que amanece hasta la puesta del sol sirven en la fatiga del trabajo por la existencia, sin tener jamás un día de tranquilidad y reposo, por los que siéndoles difícil la vida, en el lugar donde nacieron tienen que emigrar a otras tierras mortíferas para buscar el pan para sus hijos, o sea la más pronta orfandad para sus hogares" "por los que aún creen agradecidos con los explotadores sin que se les reconociere lo justo de su trabajo.

Por los que su miseria los lleva no solo a vender sus fuerzas sino también su cuerpo.

Por ese montón de desheredados hermanos nuestros, por eso luchamos. Qué nos importa que los potentados o los ciegos en su fanatismo de su bienestar repudien nuestra tarea"[32].

Esta toma de conciencia, provocó malestar y oposición entre las clases dominantes y los sectores más conservadores. *Hoja Obrera* informaba en 1913 que en San Joaquín de Heredia, el presbítero José Del Olmo desde el púlpito anatemizaba la labor de ese periódico previa condena a sus feligreses si leían esa Hoja[33]. Presumiblemente esta declaración no estuviera tan lejana de la realidad, ya que *Hoja Obrera* en sus primeros años era objeto de continuos ataques de la prensa. Despectivamente el periódico *La Epoca* se refiere a un editorial de *Hoja Obrera*: en el que campean "multitud", "avasalladoras", "rebeldes entusiastas", "proletarismo en tantos siglos", "abominable esclavitud", "prédicas exterminadoras", palabritas obligadas en los pichones del socialismo revolucionario[34]. Por su parte *El Noticiero* consideraba inapropiado el lenguaje con que atacaba al Gobierno esa Hoja[35]. *Hoja Obrera* no dejaba pasar

(31) *Hoja Obrera*, 22 de julio de 1910, pág. 1.
(32) *Hoja Obrera*, 20 de febrero de 1910, pág. 4.
(33) *Hoja Obrera*, 5 de setiembre de 1910, pág. 3.
(34) *La Epoca*, 29 de octubre de 1910, pág. 1.
(35) *El Noticiero*, 9 de setiembre de 1911, pág. 2.

oportunidad para denunciar las injusticias o actos bochornosos cometidos por el gobierno o algún alto funcionario; la corrupción, el gasto público, eran temas a los que continuamente se referían los editoriales de ese periódico, así como a las injusticias en general.

Aunque no existe un análisis lógico en que se fundamente la propiedad, los trabajadores llegan a afirmar que los patrones viven gracias al trabajo proletario. La falta de aprehensión del problema social burguesía-proletariado les conduce a intentar convencer a las clases opresoras de que dejen de oprimir a la clase mayoritaria promoviendo el cambio pacífico.

José Cisneros, dueño de taller, consideraba que la causa primordial de que la burguesía ejerza cierta supremacía, sobre el obrero manual, hasta el grado de explotarlo desconsiderablemente, es por la carencia de una educación cívica y moral [36].

El idealismo de creer que las diferencias entre ricos y pobres era un hecho cultural, era común en la época. Hacía falta la incorporación de la economía política a los análisis de los trabajadores, no lograban explicar la dinámica de la propiedad.

La lucha por un porvenir mejor, requería organización, acción continua. El período de 1909 a 1914, fue donde la organización se multiplicó (véase cuadro No. 7) en mutualidades, sociedades de trabajadores, centros culturales; se esparcieron por muchas zonas del país. Los periódicos y revistas obreras nacionales y extranjeras circulaban y se leían en gran parte del territorio nacional, las bibliotecas eran puntos de reunión de muchos artesanos y obreros junto con los locales que lograron establecer.

---

(36) *Hoja Obrera,* 10 de diciembre de 1912, pág. 3.

Los cambios a los que estaban expuestos los trabajadores los hizo pensar en una sociedad diferente en la que vivían basados en su experiencia, ideas opuestas a las de los opresores [37]. En *Hoja Obrera* en 1910, un colaborador bajo el seudónimo de Donato Luben señalaba que la nueva sociedad estaría basada en el trabajo, porque esa le era moralizadora, no era individualista sino social, y de ahí surgiría el cambio de servicio en la cooperación de la producción de la riqueza general, ya que el individuo, por muy grandes que fueran sus aptitudes intelectuales y por muy potentes que resultaran sus esfuerzos de trabajo, le sería de todo punto imposible proporcionarse los medios más indispensables para la conservación de su existencia y mucho menos todavía promover el desarrollo de los grandes progresos. La nueva sociedad sería socialista [38].

En noviembre de ese mismo año Mateo Albertazzi manifestaba: "Solo cuando estas masas hayan podido comprender que ellos son la fuerza dinámica que hace mover el mundo, solo cuando ellos hayan podido traer a la civilización el amor entre los hombres, solo cuando ellos hayan podido redimirse del estado embrutecido en que se encuentran y establecer una sociedad basada en la socialización de los medios de producción, solo entonces se podrá decir del socialismo lo que dirían ahora nuestros abuelos si se levantasen de sus tumbas y viesen los ferrocarriles, los trasatlánticos, el telégrafo sin hilo. No. ¡No era una utopía!"[39].

Para librarse de sus opresores un artesano proponía en 1909 la fundación de un taller general para crearse una vida independiente y dejar de ser siervo de los llamados empresarios del trabajo, que serán todo lo que se quieran llamar menos artesanos [40]. Otro colaborador de *Hoja Obrera* que refleja ese penoso proceso de pérdida de independencia a que estuvieron sometidos en ese período los artesanos sostenía

---

(37) HOBSBAWM, Eric. *Las revoluciones burguesas*. Tomo II, editorial Labor, 5ta. edición. Barcelona, 1970, pág. 374.
(38) *Hoja Obrera*, 13 de marzo de 1910, pág. 3.
(39) *Hoja Obrera*, 14 de diciembre de 1910, pág. 3.
(40) *Hoja Obrera*, 21 de noviembre de 1909, pág. 2.

que la organización obrera tenía por fin esencial la extinción del proletariado y la constitución de una sociedad de productores libres donde cada ser reciba el producto íntegro de su trabajo [41].

Un público formado por trabajadores que leían su propia prensa, que abarrotaba los locales en días de conferencia, con temas que reflejaban las preocupaciones del movimiento en aquellos momentos: la asociación, educación, imperialismo y otros (véase cuadro No. 8); asistía a escuelas nocturnas, concurría a salones de cultura donde podían leer un libro, el periódico o escuchar lecturas en voz alta, ocasionalmente pedían a sus compañeros en el taller que les leyera las noticias o un artículo. Necesariamente en este ambiente tendían a organizarse a sí mismos.

En estos años la conciencia de los trabajadores que tomó fuerza fue la solidaridad de clase y la unión de todos los trabajadores. El auge del movimiento se advertía en la multiplicación y ascenso ininterrumpido de la organización no sólo desde el punto de vista cuantitativo sino en su contenido. Desde 1909 fueron derribando las barreras del oficio, la localidad, la raza, la nacionalidad y el sexo. Fueron comprendiendo que los proletarios tenían intereses comunes por encima del oficio, lugar donde residieran, color de la piel, nacionalidad y ser hombre o mujer. En 1910 cuando estalló una de las tantas huelgas de los obreros agrícolas en las plantaciones del Atlántico que pedían remuneraciones más justas, Hoja Obrera se pronunció: "Día llegará en que los trabajadores, unos y otros, negros y blancos, porque todos son esclavos formando una sola entidad, hagan respetar lo que la glotona burguesía les priva y puedan celebrar concientemente el triunfo de emancipación sin grilletes, las glorias de una patria que rinda tributo a la justicia y a la solidaridad de la familia humana"[42].

---

(41)   *Hoja Obrera*, 9 de enero de 1910, pág. 2.
(42)   *Hoja Obrera*, 14 de agosto de 1910, pág. 2.

CUADRO # 7

ORGANIZACIONES DE ARTESANOS Y OBREROS 1909-1914

Nombre	Lugar	Fuente
Sociedad de Trabajadores	San José	*Hoja Obrera*, 17 de octubre de 1909
Club de Artesanos	San José	*Hoja Obrera*, 24 de octubre de 1909
Sociedad de Obreros	Santo Domingo	*Hoja Obrera*, 21 de noviembre de 1909
Sociedad de Barberos	San José	*Hoja Obrera*, 12 de diciembre de 1909
Sociedad Federal de Trabajadores	San José	*Hoja Obrera*, 19 de diciembre de 1909
Sociedad de Trabajadores	Cartago	*Hoja Obrera*, 19 de diciembre de 1909
Club Obrero	Grecia	*El Correo de País*, 9 de octubre de 1910
Sociedad de Socorros Mutuos Fca. Bertheau	San José	*Hoja Obrera*, 18 de julio de 1911
Sociedad Obrera	Alajuela	*Hoja Obrera*, 13 de setiembre de 1911
Gremio de Zapateros	San José	*Hoja Obrera*, 6 de febrero de 1912
Gremio de Barberos	San José	*Hoja Obrera*, 19 de marzo de 1912
Grupo Acrata	San José	*La Aurora Social*, 20 de junio de 1912
Sociedad de Mecánicos	San José	*Hoja Obrera*, 25 de junio de 1912
Centro Gremial	San José	*La Prensa Libre*, 21 de julio de 1912
Sociedad de Artesanos	Heredia	*La Aurora Social*, 20 de agosto de 1912
Consejo Federal de Obreros de C.A.	San José	*Hoja Obrera*, 12 de octubre de 1912
Sociedad de Artesanos	San Ramón	*Hoja Obrera*, 15 de octubre de 1912
Club Social de Obreros	San Ramón	*La Información*, 2 de noviembre de 1912
Centro de Abangares	Abangares	*La Aurora Social*, 5 de noviembre de 1912
Sociedad Tranvillera	San José	*Hoja Obrera*, 12 de noviembre de 1912
Club Renacimiento	Aserrí	*La Aurora Social*, 26 de noviembre de 1912
Sociedad de Tipógrafos	San José	*La Aurora Social*, 16 de enero de 1913
Sociedad de Socorros Mutuos	Heredia	*Hoja Obrera*, 1 de abril de 1913
Confederación de Obreros	Todo el país	*La Aurora Social*, 10 de abril de 1913
Sociedad de Panaderos	San José	*La Aurora Social*, 15 de mayo de 1913
Sociedad de Sastres	San José	*La Aurora Social*, 5 de junio de 1913
Sociedad de Jóvenes Obreros	San José	*Hoja Obrera*, 29 de noviembre de 1913
Sociedad de Albañiles	San José	*Hoja Obrera*, 14 de febrero de 1914
Sociedad de Oficios Varios	San José	*La Aurora Social*, 23 de febrero de 1914
Sindicato de Cartago	Cartago	*La Aurora Social*, 2 de marzo de 1914

Fuente: las mismas del cuadro.

147

CUADRO # 8

CONFERENCIAS PARA PUBLICO TRABAJADOR
1910–1914

Nombre	Conferencista	Lugar	Fuente
Sobre el alcoholismo	Jorge Volio	San José	*La Prensa Libre,* 18 de noviembre 1910, pág. 2
La enseñanza en Costa Rica	Félix Mata Valle	San José	*La Prensa Libre,* 18 de noviembre 1910, pág. 2
La Asociación	Joaquín G. Monge	San José	*Hoja Obrera,* 28 de enero de 1911, pág. 3
Alcoholismo	Gerardo Matamoros	San José	*La Prensa Libre,* 12 de febrero 1912
La amenaza imperialista	Manuel Ugarte		*La Prensa Libre,* 10 de mayo de 1912, pág. 1
La mujer como entidad social	Belén de Sárraga	San José	*Hoja Obrera,* 23 de julio de 1912, pág. 1.
Necesidades del obrero	Ricardo Jinesta	Alajuela	*Hoja Obrera,* 6 de agosto de 1912, pág. 2
Sobre religión	Luis Valle Suárez	San José	*La Prensa Libre,* 7 de agosto de 1912, pág. 3
Ferrer		San José	*La Prensa Libre,* 15 de octubre de 1912, pág. 1
Historia de Costa Rica	Claudio González R.		*Hoja Obrera,* 18 de octubre de 1912
Unión obrera	Rivas Vázquez	San José	*Hoja Obrera,* 1 de abril de 1913, pág. 2
La Instrucción entre los trabajadores	Luis Cruz Moya	Cartago	*Hoja Obrera,* 15 de abril de 1913, pág. 3
Los obreros y la política	Bolíbar Montero		*Hoja Obrera,* 11 de mayo de 1913, pág. 3
El obrero y la instrucción	Bolíbar Montero	San Ramón	*Hoja Obrera,* 18 de mayo de 1913, pág.
Imperialismo	Modesto Martínez		*La Aurora Social,* 8 de agosto de 1913, pág. 2
Campaña nacional	Dr. Coello	San José	*La Aurora Social,* 19 de setiembre de 1913, pág. 3
Literatura centroamericana	Sr. Oviedo	San José	*La Aurora Social,* 26 de setiembre de 1913
Situación de la clase proletaria en Costa Rica	Matías Oviedo	San José	*La Aurora Social,* 1 de octubre de 1913, pág. 2
La Educación	Luis Anderson	San José	*Hoja Obrera,* 14 de abril de 1914, pág. 2
La Unión Latinoamericana	Manuel Ugarte	San José	12 de mayo de 1914, pág. 2
La Obrera costarricense	Angela Acuña	San José	*La Mujer costarricense a través de cuatro siglos*

Fuente: Las mismas del cuadro.

A fines de ese mismo año, en ocasión de otra huelga en el mismo sector productivo, el barbero Octavio Montero consideraba que la huelga era justa y que en ella no debía verse el asunto por el color de raza (como lo explicaba la prensa conservadora) sino como un problema entre obreros y patronos [43].

La solidaridad fue traspasando las fronteras, en diciembre de 1911, en el vecino país de Nicaragua se desarrollaba una huelga de todos los gremios, los talleres se cerraron hasta conseguir mejores salarios. Los trabajadores costarricenses en esa ocasión a través de *Hoja Obrera* ayudaban con dinero a los que consideraban sus compañeros, los obreros nicaragüenses, y una justa huelga contra los explotadores de su fuerza de trabajo [44].

FEMINISMO

He aquí la opinión oficial de *Hoja Obrera* en 1910 sobre la organización de las mujeres trabajadoras, que denota claridad sobre este nuevo aspecto y toma conciencia del movimiento: "La obrera tiene iguales derechos para buscar amparo en sus compañeras de labor diaria; la obrera, que más explotada que el hombre está más obligada a la unión; ya en diferentes partes se organizan si no superior, igual al hombre: debían unirse para ser fuertes, y siendo fuertes tomarán mejor orientación en la vida; ellas no tenían amparo ni en las mismas leyes porque es el hombre quien legisla, y dejó en el ramo de la justicia la peor parte a la mujer"[45].

Este párrafo tiene una importancia extraordinaria ya que proviene de los editores de *Hoja Obrera,* muestra claramente no sólo el conocimiento que tenían de ciertos aspectos del movimiento feminista europeo, sino el hecho de que la mujer trabajadora se encontraba en desigualdad de condiciones con respecto a su compañero trabajador, además de invitar a la unidad para la consecución de sus derechos.

---

(43) *Hoja Obrera,* 6 de diciembre de 1910, pág. 3.
(44) *Hoja Obrera,* 27 de diciembre de 1911, pág. 3.
(45) *Hoja Obrera,* 6 de julio de 1910, pág. 2.

Félix Montes (panadero), era partidario de los derechos de igualdad que tenía la mujer; cuestión del todo sorprendente en un país como Costa Rica, donde la mujer no tenía otro destino que el hogar y la crianza de los hijos, privada de educación, de derechos políticos, discriminada en el trabajo comentaba: "No vendrá la mujer a ser igual o superior al hombre en lo material por su delicada constitución, pero sí puede llegar a ocupar su verdadero puesto en distintas profesiones; en las artes o en la ciencia y gozar de las mismas prerrogativas y derechos que el egoísmo del hombre, desde edades que se pierden a través de los siglos, la de los Partos, hasta la edad presente, hábilmente han sabido negarle"[46].

Esto nos sirve para recordarnos que en el movimiento artesano-obrero había precedentes de exigencia de derecho femenino a principios del siglo XX, cuestión del todo ausente en el movimiento artesano-obrero del siglo XIX. Los trabajadores en estos años entendían que las mujeres trabajadoras representaban una poderosa fuerza y que éstas podían unirse con los hombres.

Desde marzo de 1910, un grupo de mujeres obreras pedían ser aceptadas en la "Sociedad de Trabajadores"; un año más tarde participaban activamente en los preparativos para enviar delegados al Primer Congreso Obrero Centroamericano. Realizaron esfuerzos para fundar algunos gremios como los de pureras y de tipógrafas.

En una serie de artículos especiales de Rosa Casal para *Hoja Obrera,* en 1913, exhortaba a las mujeres diciendo: "Si la mujer se instruye comprendería que cuando un obrero hablara de la transformación social no delira, lo hace plenamente convencido de que tarde o temprano ha de realizarse y sabría que es deber suyo el estar asociada para cooperar en esa gran obra, y no entorpecería como hace ahora el avance de las clases explotadas... Aprendamos a luchar como explotadas, a desear una vida más digna, a formar una justa concepción de la fraternidad universal, a considerar la asociación como un símbolo de amor y justicia. No esperemos el

---

(46) *Hoja Obrera,* 7 de agosto de 1912, pág. 3.

permiso de nuestros explotadores para asociarnos, que nunca lo obtendríamos: nuestra emancipación ha de ser obra de nosotras mismas" [47].

Probable es que la lucidez de estos planteamientos sobre liberación de la mujer y movimiento obrero como el hecho de que no se trataba de una lucha entre los sexos sino del conjunto de los trabajadores contra otra clase explotadora —que la explotación la sufren hombres y mujeres—, proviene del movimiento feminista internacional de fines del siglo XIX y principios del siglo XX. Estas argumentaciones tuvieron cabida en periódicos obreros de la época aunque a la par de sus reproducciones no había una toma de posición completa.

Lo sustancial es que el movimiento artesano-obrero en este período se percató de ciertos derechos femeninos, aunque los planteamientos sobre los derechos de la mujer eran difusos, incipientes y contradictorios. Veamos dos opiniones en este último sentido. *Hoja Obrera* nos proporciona el primero: "Al educar a la mujer debía atenderse el triple desarrollo de sus facultades, físicas, morales e intelectuales: debe atenderse su desarrollo físico para que dé a la familia, a la sociedad y a la patria, útiles y dignos miembros, sus facultades morales se deben desarrollar para hacerla hábil, fuerte, resignada y sublime, que pueda vencer la batalla de la vida como hija, como esposa y como madre, y se atienda a su desarrollo intelectual para que pueda colaborar con su contingente en el concierto social.

La mujer educada así, podrá cumplir con la más noble y delicada de sus misiones, la que como madre tiene de formar el corazón del niño" [48].

Se pedía derechos de educación de la mujer y el reconocimiento de derechos de poner de relieve la importancia de la maternidad de la mujer, pero no se exigía la igualdad de derechos de la mujer.

El segundo ejemplo proviene de otra publicación obrera que muestra el carácter machista del autor, y su falta de comprensión sobre el problema de la mujer que en aquellos

---

(47) *Hoja Obrera,* 28 de enero de 1913, pág. 3.
(48) *Hoja Obrera,* 11 de marzo de 1913, pág. 2.

años comenzaba a discutirse: "Quiere desfemenizarse, quiere desnaturalizarse, quiere hacerse hombre. Ved sino las proporciones que va tomando el movimiento feminista [49]. Allá en Inglaterra, se impone y aquí, en estas latitudes, acuden pacíficamente a escuchar los oradores populacheros. Desea, como ya lo ha hecho, mezclarse en los mitins (sic) populares, ocupar su puesto, y últimamente, empuñar el cetro y domar rebaños de hombres. A todas esas miras, a todos esos sueños de dominación, a ese ardoroso anhelo de abandonar el nido para disputarle al macho sus derechos, debéis oponeros abiertamente para no experimentar mañana el dolor de ver convertida a la dulce tórtola en algo fiero y ridículo al mismo tiempo" [50].

Esta posición tan conservadora, publicada en un periódico obrero, refleja en cierto modo, la confusión que había al respecto al inicio de la segunda década del siglo XX que vió florecer la polémica y discusión sobre los problemas de la mujer.

Angela Acuña, quien había viajado por Europa a principios del siglo XX donde participó en el movimiento feminista y la campaña de los sufragistas comentaba que ella inició sus luchas emancipadoras en el año de 1912, dió algunas conferencias públicas y en el año 1914 se refirió al tema de la mujer obrera costarricense en la Sociedad de Trabajadores de San José.

Eran años, según su propio testimonio donde mujeres como ella debían soportar burlas, sátiras e incomprensiones [51].

---

(49) Es posible que algunas personas tuvieran noticias sobre el movimiento feminista que en Europa luchaba ardorosamente por la conquista de derechos políticos y civiles.

(50) *La Aurora Social,* 19 de junio de 1913, pág. 2.

(51) ACUÑA, Angela. *La mujer costarricense a través de cuatro siglos.* Imprenta Nacional, 1969, pág. 340 en adelante.

153

ANTIMPERIALISMO

El movimiento obrero desde la segunda década del siglo XX, comenzó a desarrollar una conciencia antimperialista, lo que muestra un cambio importante ya que se trata de preocupaciones sociales de los trabajadores que traspasan una conciencia ligada a sus problemas inmediatos.

A comienzos de siglo América Latina fue sacudida por varios acontecimientos políticos, todos relacionados con los Estados Unidos. La intervención en la guerra hispano-cubana y la ocupación militar de Cuba, la anexión de Puerto Rico, la separación política de Panamá de la República de Colombia, la repetida ocupación del territorio de Nicaragua, la ocupación de la República Dominicana y Haití que duraba varias décadas; así como la expansión de las compañías estadounidenses en América Central y el Caribe revelaron repentina y claramente la amenaza que provenía del "coloso del norte" [52].

Estos acontecimientos que ocurrieron, en algunos casos, muy cercanos a Costa Rica, movieron la conciencia del pueblo en general; no obstante, la respuesta a tales peligros fue muy compleja y de varias tonalidades.

En marzo de 1910 inspiró a un cartaginés a escribir un cuento cuyo nombre era "Un Sueño", donde vió a Costa Rica devorada por una inmensa ave negra, de pico corvo y grandes alas, que se elevaba a mucha altura, llevando en sus garras un inmenso pabellón de fondo blanco franjado de rojo, y con un cuadro azul en la esquina izquierda superior sembrado de estrellas blancas [53].

El poema "Toquemos Generala" de Eugenio Peralta, del que tomaré algunas estrofas, refleja el sentimiento y la reacción popular frente al imperialismo y la convicción de vencer al enemigo, sentimiento y reacción del cual formaban parte los trabajadores:

---

(52) ADAM, Anderle. "Conciencia nacional y continentalismo en América Latina, en la primera mitad del siglo XX". Revista *Casa de las Américas*, No. 133. La Habana, julio-agosto, 1982.

(53) *Hoja Obrera,* 27 de mayo de 1910, pág. 2.

Es justo y más justo lanzar nuestra protesta
contra el buitre del norte plaga negra del mundo . . .
Bien: mantengamos por siempre cual angélica vesta,
la paz que ha pernoctado en nuestro suelo fecundo.

A nuestra bella América pretenden por rica
tomando estas palabras: "money, money for me" (sic)
yo sé que eres de sangre tranquila Costa Rica
contra el buitre del norte mi aliento es para tí!

So piel de mansa oveja caminan por doquier,
más, sin guardar sus ínfulas con que aquí les vemos.
Querrán hacernos Cuba de Martí dulce ver,
Panamá, Nicaragua o de sus falanges seremos?

¡Toquemos generala para batir la huested
que a nuestro reino de los que ayer corrimos!
está volviendo al mundo Walker con su peste
de vándalos y brutos que ayer . . . ayer
vencimos! [54].

Un editorial de La *Aurora Social* del 30 de setiembre de 1912, entre muchos, advierte el peligro imperialista: "En Nicaragua flamea ya el pabellón de las barras y de las estrellas; mañana ondeará en las islas Galápagos, y más tarde cobijará el archipiélago de San Andrés de Providencia. Y si en Costa Rica no han llegado las barras de esa águila monstruosa, al menos ya siente el pueblo el viento que produce la agitación de sus alas, a cuya severidad se muestran humillantes los gobiernos vecinos, Pobre América!"[55].

La respuesta al peligro imperialista la encontramos en *Hoja Obrera:* "Alerta pueblo estamos desarmados; lo primero que tenemos que hacer es una convención entre todos estos

(54) *Hoja Obrera,* 14 de agosto de 1913, pág. 3.
(55) *La Aurora Social,* 30 de setiembre de 1910, pág. 2.

países, de nuestra defensa, y luego crear un tribunal hispano-americano para resolver nuestros asuntos internos. Los yankis con su política nos vienen ayudando a que nos acerquemos más al coronamiento del hermoso ideal de hacer de todos estos pueblos uno solo" [56].

La corriente antimperialista fue fortalecida por algunos propagandistas que pasaron por Costa Rica entre los que se destacaba la figura de Manuel Ugarte (argentino), Modesto Martínez (venezolano); quienes expusieron las ideas antimperialistas en conferencias dadas en el Teatro Variedades o en el local de la Conferación de Trabajadores Costarricenses.

Sin embargo, los trabajadores tenían ideas aún muy imprecisas sobre la relación entre la lucha contra las clases dominantes y la lucha contra el imperialismo [57]. A comienzos de 1911 se notificaba que 1.300 trabajadores se reunían para pagar a través de bonos, la deuda externa del país [58];

Aunque como hemos tratado de mostrar, hubo posiciones de protesta, especie de odio a la política imperialista norteamericana, se plantearon tareas continentales como la unión de todos los pueblos; posiciones que no solo fueron sustentadas por los trabajadores urbanos, sino por los miembros de la clase media y la propia oligarquía.

Sería erróneo considerar que en este tiempo las organizaciones obreras asumieron como propia la lucha contra el imperialismo; no forjaron una línea de pensamiento consistente que se mantuviera con los años sucesivos, ni promovieron una sostenida corriente política de ideología antimperialista.

(56)   *Hoja Obrera,* 10 de setiembre de 1910, pág. 3.
(57)   GONZALEZ Casanova, Pablo. *Imperialismo y Liberación.* Editorial Siglo XXI, 4a. edición, México, 1983, pág. 51.
(58)   *La Información,* 24 de febrero de 1911, pág. 3.

NOVELISTICA SOCIAL

Debe subrayarse la importancia que tuviera la circulación y consumo de novelas de denuncia popular y de crítica en la formación de una conciencia social. Comúnmente la influencia de la novela suele relacionarse como efectivamente ocurrió con cierta generación de intelectuales que las consumía y se nos vienen rápidamente los nombres de Joaquín García Monge, Omar Dengo, José María Zeledón y otros [59]. Cabe preguntarse si el prestigio y difusión de la novela llegó solo a estos estratos medio urbanos; o descendió hasta los trabajadores especialmente urbanos y de formación autodidacta; y si la lectura de esta novela empujó la conciencia social de los trabajadores y el movimiento.

Nuestra respuesta es afirmativa en los dos casos, escritos como *El Hijo del Pueblo* o *El Judío Errante* de Eugenio Sué; *Los Miserables* de Víctor Hugo, marcan un modo de valorización del ser humano. La simpatía por estas obras no era solo de ciertos intelectuales, sino y fundamentalmente de decenas de trabajadores, escritos que pintaban las condiciones de existencia; la prostitución, las malas condiciones de vivienda, mala alimentación y el trabajo de niños y mujeres.

Pero esta novelística también contó con sus opositores desde muy temprano. En el siglo XIX la Iglesia Católica había descalificado por nocivas y mentirosas las obras de autores como Sué, Hugo, Dumas, Balzac y Flammarión. Obras que se podían comprar en las librerías del país, otras formaban parte de la biblioteca popular de artesanos de 1889; donde se podían leer: de Víctor Hugo, *Año Terrible; Los Discursos, Las Esmeraldas;* de Eugenio Sué, *El Judío Errante, Los Hijos del Pueblo;* de Flammarión, *Los Mundos Imaginarios.* De Sué,

---

(59) La influencia de Tolstoi en José Ma. Zeledón puede verse en: ZELEDON, José Ma. *Poesía y prosa escogida.* Selección y prólogo de Alfonso Chase. Editorial Costa Rica, San José, 1979.

Balzac y Dumas; tres joyas literarias, de Walter Scott, Wenilworte y otras obras [60].

A esta veta de novelas provenientes de Europa se le unieron los escritores rusos de finales del siglo pasado y principios del presente como: Fedor Dostoiesky, León Tolstoi, Máximo Gorki, los cuales atraían a decenas de lectores trabajadores o intelectuales. En estas obras conocieron no solo la lucha del pueblo ruso contra el zarismo sino que estos novelistas retratan con sus plumas las condiciones de vida; se comprometían con los problemas del pueblo ruso y expresaban sus disconformidades y esperanzas [61].

La influencia de estos autores rusos fue significativa en el movimiento artesanal-obrero costarricense; de ellos se desprende la corriente antiautoritaria y pacifista entre otras. Los primeros escritores, junto a éstos últimos, favorecieron y ayudaron en mucho a la crítica de las instituciones sociales y la injusticia social.

Un obrero en 1910 censurando el acaparamiento de tierras por parte de compañías extranjeras y por particulares planteó como solución una distribución justa de la tierra, idea que según él, sustentaba Tolstoi [62].

La Aurora Social nos proporciona otro ejemplo: "Se nota con verdadero asombro la prostitución casi infantil que existe en esta capital, pues ya no se daba conocer a la niñez como ejemplo de las virtudes. Ver a un imberbe, a un joven colegial, muchas veces chupar un cigarrillo con todo deleite o apurar una copa de licor, o echárselas de bohemio en sus distracciones nocturnas, no son cosas ya de los famosos trasnochadores de París que nos pinta Eugenio Sué, sino que se

---

(60) OLIVA, Mario. *Una nota sobre la educación entre artesanos y obreros en el siglo XIX*. (Inédito) Véase apéndice de todos los títulos existentes en la biblioteca popular de 1889.

(61) Para un análisis de la influencia de Tolstoi en América Latina. Carlos Rama "El anarco Tolstianismo latinoamericano", En *Revista Acracia*, San José, No. 6, julio-agosto 1983, pág. 21—27.

(62) La variante cristiana del anarquismo está basada en León Tolstoi, es muy poco conocida en el caso costarricense pero tuvo sus cultores militantes en el movimiento artesano-obrero.

presenta en la actualidad con los funestos caracteres de una realidad palpable [63].

La vivienda, que fuera uno de los más serios problemas que afrontaron los artesanos y los nuevos trabajadores de la ciudad, un observador en tono y lenguaje que revela la lectura de un gran novelista retrataba la situación costarricense: "Nadie ignora que los tales chinchorros (lugar donde se amontona el proletariado), son verdaderos incubadores de los gérmenes de las enfermedades que afligen y diezman a la pobrería; da tristeza visitar esos ántros en donde se presentan a los ojos del visitante niños famélicos y con harapos de vestidos; mujeres flacas que abren los ojos con espanto y jóvenes anémicos que llevan en su rostro retratado el dolor; el desaliento de los desgraciados de Máximo Gorki" [64].

Este mismo sostenía que las reglas de higiene entre los pobres eran impracticables por el excesivo precio de los alquileres, la carestía de los alimentos de primera necesidad, el alto precio de las ropas, la escasez de trabajo y lo reducido del salario; males endémicos entre los costarricenses.

En 1910 a la muerte del escritor ruso Tolstoi, la prensa nacional llenó sus páginas y muchos reconocían en el escritor ruso al gran maestro inspirador de sus ideas. *Hoja Obrera* publicó en esa ocasión algunos artículos elaborados por artesanos y obreros, uno de ellos Arístides Rodríguez conmovido por la muerte del que calificaba como gran anarquista; escribió un extenso artículo sobre diferentes tópicos tratados por Tolstoi en sus novelas: la guerra, el patriotismo, la religión, la propiedad, el trabajo, el Estado [65]. Mientras el barbero Octavio Montero dijo de Tolstoi: "Con su pluma sentimental pintó los dolores humanos, con su pluma virtuosa cantó paz y amor; con su pluma rebelde anatemizó los

---

(63)   *La Aurora Social,* 17 de abril de 1913, pág. 3.
(64)   *Hoja Obrera,* 14 de abril de 1914, pág. 2.
(65)   *Hoja Obrera,* 9 de diciembre de 1910, pág. 2.

poderes constituídos"[66]. Montero había leído muchas de las obras del escritor ruso como *Cuentos para niños, Placeres Crueles, Placeres Viciosos, Resurrección.*

Otro modo de extender la literatura de denuncia social, ya sea ordenando en pequeños cuadros en la parte superior de sus periódicos con alguna máxima de sus escritores preferidos, entre los que se destacaban: Hugo, Sué, Gorki y Tolstoi; o reproducían fragmentos de sus obras. Periódicos como *Hoja Obrera, La Aurora Social* y los periódicos liberales (estos en menos medida) reproducían a menudo esa literatura.

Las obras de todos estos escritores que tenían un hondo contenido de realismo, sirvió más que todos los textos teóricos de por sí escasos en el medio para propagar las ideas socialistas [67]. Muchos de estos autores no eran rigurosamente socialistas, pero su vital prosa de denuncia social era vista con simpatía por los intelectuales de vanguardia y por los trabajadores, por obvias razones.

EL PRIMER CONGRESO DE OBREROS DE CENTRO AMERICA

En setiembre de 1911 los obreros de Costa Rica recibían una invitación para participar en el Primer Congreso Obrero en El Salvador, recibido por la Sociedad de Trabajadores; cada país mandaría 3 representantes y asistirían a él delegados de todos los países centroamericanos. El congreso se realizaría el 5 de noviembre de 1911 [68].

---

(66)   Idem, op. cit.
(67)   Hay que incluir en la corriente del primer socialismo a autores de ficción literaria, que si no fueron creadores en el campo de la teoría, multiplicaron, por su adhesión a las nuevas ideas, sus efectos a través de un público extenso. . ." *Utopismo Socialista 1830–1893.* RAMA, Carlos. Trabajo, notas y cronología. Biblioteca Ayacucho, Venezuela, 1977, pág. 12. También GARCIA Cantú, Gastón. *El Socialismo en México en el siglo XIX.* Editorial ERA. 2a. edición, México, 1974, pág. 46 y 116.
(68)   *Hoja Obrera,* 4 de setiembre de 1912, pág. 2.

La participación de los trabajadores costarricenses en dicho Congreso tiene varios rasgos sobresalientes que merecen ser analizados [69]. En primer lugar se trataba de un movimiento que sobrepasaba el oficio y la localidad, convirtiéndose en un movimiento nacional que abarcaría las principales ciudades del país (Alajuela, Puntarenas, Heredia, Cartago y por supuesto San José).

La respuesta de los trabajadores fue muy fría en un principio. Así lo denuncia Angela Baroni, obrera de un taller de la ciudad de San José: "Creí al comienzo de esta lucha que el llamado fraternal de nuestros hermanos los obreros del (sic) El Salvador, el grito solidario de la unión, iba a repercutir por todos los ámbitos del país, pero ante la triste realidad de los hechos que se desarrollan he visto fracasar mis soñaciones" [70].

El escepticismo de esta mujer no estaba lejos de la realidad. La apatía del conjunto de los trabajadores jugó un papel más importante de lo que podría suponerse en el período que estudiamos. Generalmente los menos hábiles, los menos instruidos, los menos organizados, y por lo tanto los menos esperanzados de los pobres, fueron de los más apáticos. A pesar de existir cientos de trabajadores solo los menos lograban organizarse [71].

La falta de una organización nacional no permitió una respuesta inmediata; sin embargo, hemos dicho líneas atrás que la organización estaba en ascenso; lo que en parte permitió que en menos de dos meses se desarrollara en torno al evento el más grande de los movimientos urbanos de los trabajadores costarricenses hasta ese momento.

---

(69)   OLIVA, Mario. "El Primer Congreso Obrero Centroamericano y el movimiento artesanal-obrero costarricense". En Revista Revenar, San José, octubre de 1981, págs. 16 y 18.
(70)   *Hoja Obrera,* 28 de setiembre de 1911, pág. 3.
(71)   HOBSBAWM, Eric. Op. Cit. pág. 365.

La elección de los delegados fue por voto directo de los trabajadores, efectuándose el domingo 8 de octubre de 1911 en el Salón del Taller Bertheau [72]. La única limitación para ser candidato era la de ser artesano. Entre los que recibieron votación (véase cuadro No. 9) pueden observarse: artesanos asalariados, artesanos empresarios como Emilio Artavia Jorge Morales Bejarano, Manuel V. Dengo, Mariano Struck, Gerardo Matamoros, Juan Ramón Bonilla; estos dos últimos electos para la representación costarricense junto a Lesmes Sáurez. También recibieron votación personalidades del ambiente cultural como Lisímaco Chavarría y José María Zeledón, lo que prueba el carácter tan heterogéneo de estos movimientos.

La reunión para elegir a los candidatos había comenzado a las doce meridiano y transcurrido en el perfecto orden; a las 7 p.m. dio fin la reunión desfilando por la tercera avenida todos los obreros de San José [73]. El 27 de octubre viajaban los tres representantes obreros; su financiamiento corrió por parte de todos los trabajadores del país, hombres y mujeres [74]. El 3 de noviembre de 1911 se inauguraba el Primer Congreso de Obreros Centroamericanos en el local de la Sociedad de Artesanos de San Salvador, cuyos amplios salones fueron ocupados por el Presidente de aquella república, Araujo, y todo su gabinete; algunos invitados, periodistas. . . mientras los obreros ocupaban las galerías, patios y la calle [75]. Al día siguiente a las 7 a.m. se abrían las sesiones de discusión con la presencia de los señores Abel Ciudad Real, Don José Mejía, Don Pedro Miguel Meléndez representantes por El Salvador; Don Emilio Euseda y Don Víctor M. Carías por Honduras, Don Carlos Arrosola y Don Manuel J. Amado por Guatemala; Gerardo Matamoros,

(72) *Hoja Obrera*, 10 de octubre de 1911, pág. 3.
(73) *El Diario*, 10 de octubre de 1911, pág. 5.
(74) Hasta el día 9 de octubre de 1911 se habían recaudado ₡ 1.250. Los obreros de Alajuela contribuyeron con ₡ 50 y los de Puntarenas con ₡ 30. Angela Baroni intregaba una contribución en representación de un grupo de obreros. *La Información*, 10 de octubre de 1911, pág. 3.Y *Hoja Obrera*, 28 de setiembre de 1911, pág. 3.
(75) *Hoja Obrera*, 29 de noviembre de 1911, pág. 2.

CUADRO # 9

CANDIDATOS, OFICIOS Y VOTOS
PARA ASISTIR AL PRIMER CONGRESO OBRERO
CENTROAMERICANO 1911

Nombre	Oficio	Votos
Lesmes Sáurez	Carpintero	440
Gerardo Matamoros	Mecánico	371
Juan Ramón Bonilla	Escultor	296
Juan Honorato Carrillo	Carpintero	164
Vidal Rivas	Albañil	129
Emilio Artavia	Zapatero	110
Víctor Manuel Salazar	Escribiente	98
Jorge Morales B.	Carpintero	96
Rafael Meoño	–	93
Juan Arias	–	92
Octavio Montero	Barbero	81
Manuel Flores	–	73
Rafael París	Platero	73
Lisímaco Chavarría	Poeta	43
Salomón Alcázar	–	38
Antonio Portuguez	–	38
Juan R. Flores	–	31
Manuel V. Dengo	Mecánico	29
Félix Quesada	–	28
Gregorio Soto	–	28
José Ma. Zeledón	Poeta	22
Ruperto Sáenz	–	13
Mariano Struck	Carpintero	11

FUENTE: *El Diario*, 11 de octubre 1911, pág. 5.
             Hoja Obrera, 10 de octubre 1911, pág. 3.

Lesmes Sáurez y Juan Ramón Bonilla por Costa Rica[76].

Como se observa, participaron todos los países del área exceptuando la delegación nicaragüense. El desequilibrio político en que se agitaba ese país mantenía presos a los dirigentes obreros; de todos modos presentaron sus trabajos al Congreso, los cuales fueron discutidos. En ellos se proponía un consejo federal compuesto por un miembro de cada estado. Proyecto que sería una realidad cuando se instaló en San José de Costa Rica en 1912 el Consejo Federal de Trabajadores Centroamericanos.

La delegación costarricense mostró la autonomía que había alcanzado en relación al poder público, no solo por el hecho de haber sido financiada por todos los trabajadores del país, cosa que otras delegaciones no lo hicieron, como la guatemalteca, que había sido financiada por la administración Cabrera. Cuando el Congreso tomó cierto cariz antidictatorial los delegados obreros guatemaltecos tuvieron que regresar a su país por orden directa de Estrada Cabrera [77].

Gerardo Matamoros pronunció discursos contra la dictadura del Dr. Araujo, que terminaron con protestas callejeras pidiendo la libertad de presos políticos que el Presidente Araujo mantenía en las cárceles salvadoreñas como era el caso del Dr. Carlos Dárdano y se pedía la libertad de prensa [78].

El Congreso tomó varias resoluciones donde se puede apreciar el carácter mixto de este movimiento, compuesto por artesanos empresarios y artesanos asalariados o simples obreros.

---

(76)   *Hoja Obrera,* 29 de diciembre de 1911, pág. 3 La presidencia recayó en Don Abel Ciudad Real (salvadoreño), la vicepresidencia en Manuel M. Gutiérrez (guatemalteco), la primera secretaría en Gerardo Matamoros (costarricense) y la segunda secretaría en Víctor M. Carías (hondureño).

(77)   *Hoja Obrera,* 4 de diciembre de 1911, pág. 2.

(78)   *Hoja Obrera,* 4 de diciembre de 1911, pág. 2.

En tres grandes temas podemos dividir las conclusiones. El primero sería sobre el mejoramiento económico de los trabajadores, tomando las siguientes resoluciones más importantes y que debían ser puestas en práctica lo más pronto posible [79].

Art. 1 Creación de cajas de ahorro.

Art. 2 Formación de sociedades cooperativas, industriales y de consumo, de seguro y contra accidentes de trabajo.

Art. 3 Solicitud a los gobiernos para que graven con impuestos las manufacturas extranjeras de igual clase que elaboran en todos o en algunos de los estados.

Art. 4 Recomendación a los gobiernos de unificar las tarifas aduaneras.

Art. 5 Unificar las pesas y medidas por el sistema decimal.

Art. 6 Persecución enérgica o constante de la embriaguez y el juego.

Art. 7 Recomendación a los jefes de talleres de no suspender los trabajos por motivo de fiestas civiles y religiosas innecesarias, exceptuando únicamente el 15 de setiembre.

Estas resoluciones nos llevan a pensar, no solo en la presencia del grupo artesano empresario en este Congreso; sino en el peso sobre el movimiento, buscando proteccionismo a través del estado como palanca para desarrollar sus talleres convirtiéndolos en industrias y defensa contra la manufactura extranjera.

La petición de unificar las medidas iba orientada a la posibilidad que estos artesanos propietarios tenían de poder exportar productos a otros estados centroamericanos, y que eran limitados en buena parte por falta de sistemas unificados de medidas y pesas, además de las diferencias aduaneras.

La persecusión de la embriaguez y el juego y la recomendación sobre "el ahorro del tiempo" suprimiendo todo tipo de festividades "superfluas" es posición evidentemente

---

(79) *En Hoja Obrera* del 18 de diciembre de 1911, fueron publicadas todas las resoluciones del Congreso; a él me remito.

de artesanos propietarios quienes apuraban la faena para ponerse al ritmo que la producción requería en aquellos días. La persecución contra el alcoholismo fue un aspecto de la cultura artesanal de la época y tenía una tradición bastante larga en el movimiento de los patronos y obreros ilustrados. Fue un punto en común del movimiento obrero costarricense y al parecer de toda el área.

La sobriedad formaba parte de la agitación de aquellos días, un colaborador de *Hoja Obrera* en 1909 nos ayuda a ubicar tales preocupaciones entre los artesanos costarricenses: "Pongamos el remedio a otra enfermedad de que adolecen gran parte de nuestros obreros, el garito y la taberna. Sustituyamos estos centros nocivos de la moral y la salud por escuelas de adultos. . .[80].

No quiere decir que hubiera artesanos que no tomaran un trago de licor; hemos señalado en otra parte que la taberna era el lugar donde se reunían los trabajadores y discutían constantemente las nuevas ideas y la política local. Pero los inspiradores del movimiento intentaban arrancar al trabajador de ser simple populacho, por lo que sus líderes siempre daban el ejemplo de buenos modales y sobriedad [81]. Al regreso de la delegación; Gerardo Matamoros intentó realizar una campaña contra el alcoholismo organizando a las mujeres para que moralizaran a sus esposos, hijos o hermanos. Los resultados no fueron del todo satisfactorios [82].

---

(80) *Hoja Obrera,* 21 de noviembre de 1909, pág. 2.
(81) El más inteligente razonamiento sobre el alcoholismo y las clases trabajadores, se encuentran en THOMPSON, E.P., op.cit. Tomo III, págs. 403−4−7.
(82) Gerardo Matamoros, artesano empresario que asistió al Congreso en El Salvador, en 1907, presentó una ponencia que le sirvió el ingreso al Ateneo de Costa Rica, titulada "El Trabajo". Se refería al problema del alcoholismo entre los trabajadores del modo que sigue "los viernes, sábados o días en que el pago se efectúa, el aprendiz acompaña a su llamado maestro y a alguno de los demás compañeros de trabajo a la taberna donde primero en teoría, y después prácticamente adquiere conocimientos en el culto a Baco, mucho antes de haber adquirido los más rudimentarios en el oficio que está aprendiendo. . ." proporsiónemosle diversiones honestas que le inclinen a robarle horas al vicio. . ." MATAMOROS, Gerardo. *El Trabajo.* Imprenta Alsina, 1907, págs. 20 y 21.

Asimismo, el Congreso planteó que el horario de trabajo no pasaría de ocho horas, acordando que las sociedades confederadas quedan obligadas a trabajar ante los gobiernos de sus respectivos estados, a fin de conseguir que se dicten disposiciones para que se obligue a los dueños de taller a asegurar, en las sociedades cooperativas organizadas por la federación a sus trabajadores contra accidentes ocasionados por el trabajo en dichos talleres [83].

Estas últimas y otras reivindicaciones, son producto del peso subyacente y vital de los artesanos obreros y de los trabajadores en general, en dicho Congreso.

El segundo tópico se refería al mejoramiento moral e intelectual del gremio, planteando como metas:

1) Creación de escuelas nocturnas y dominicales para la enseñanza primaria.
2) Establecimiento de salas de lectura públicas, y escuelas de artes y oficios.
3) Creación de centros de recreo, salud y asilo obrero.
4) Celebración de exposiciones artísticas.

Los cambios anhelados por el movimiento artesanal obrero centroamericano se llevarían a cabo fomentando la instrucción. Multiplicar los medios llevaría automáticamente a la regeneración social de los trabajadores; de allí que la educación fuera un pilar de la concepción de cambio de artesanos y obreros, su sello se manifestó en el Congreso.

El tercer aspecto que mencionaremos se trata y está relacionado con la lucha política que deberían llevar a cabo los trabajadores, decretando: "Los obreros asociados de las diferentes sociedades confederadas, fuera o dentro de su seno y según sus prescripciones reglamentarias, trabajarán, por todos los medios lícitos y prudentes, por que el obrero tenga puesto en los municipios, congreso o asambleas de sus respectivos estados" [84].

_____

(83) *Hoja Obrera,* 18 de diciembre de 1911, pág. 1.
(84) *Hoja Obrera,* 18 de diciembre de 1911, pág. 1.

En realidad esta proposición hacía bastante tiempo que era practicada por el movimiento obrero en Costa Rica. Uno de los delegados a ese evento, Don Gerardo Matamoros había sido uno de sus principales impulsores.

Diremos por último que en el esquema de proposiciones del Primer Congreso Obrero Centroamericano no cabía la idea de combatir la explotación capitalista en forma directa. Sus concepciones y acciones se ajustaban al respeto de la propiedad y del capital, buscando más bien su extensión y no su destrucción.

Artesanos dueños de taller, artesanos asalariados, obreros industriales, configuraban un solo movimiento complejo y contradictorio, cada uno defendiéndose ante los embates del capitalismo que los abrumaba y golpeaba de diferentes formas.

PUBLICACIONES OBRERAS E IDEAS SOCIALISTAS

A falta de una organización nacional de los trabajadores costarricenses durante el período comprendido entre 1880 y 1912, las organizaciones y los trabajadores en el país se orientaban a través de la prensa. Los órganos de difusión de los trabajadores habían desaparecido a la altura de 1891 con *El Obrero.* Reapareció en 1893 con *El Hijo del Pueblo* y con la publicación titulada *Sanción* en 1908, con una existencia fugaz.

El movimiento debió esperar casi veinte años para tener su propio periódico, con la aparición de *Hoja Obrera* el 17 de octubre de 1909 y su lema: "Organo de la Sociedad de Trabajadores y Defensora de los derechos del pueblo" fue el síntoma más claro del renacimiento del movimiento artesano-obrero. Tres años más tarde daría a luz el periódico *La Aurora Social,* y en 1911 lo había hecho la revista *Renovación,* esta última de clara orientación anarquista.

El movimiento en estos años conformó su estilo y vitalidad a partir de la prensa. Las facilidades geográficas y de transporte permitieron que estos periódicos llegaran a muchos lugares del país (véase figura No. 3) acaparando no

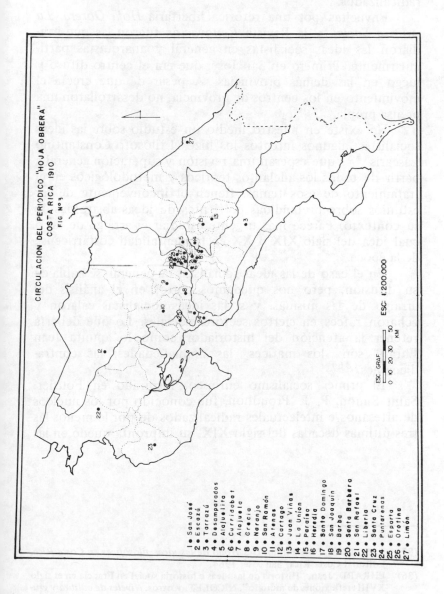

CIRCULACION DEL PERIODICO "HOJA OBRERA"
COSTA RICA 1910
FIG N°3

ESC 1:200.000

ESC GRAF
0 10 20 30 50 KM

1 • San José
2 • Escazú
3 • Tarrazú
4 • Desamparados
5 • Alajuelita
6 • Curridabat
7 • Alajuela
8 • Gracia
9 • Naranjo
10 • San Ramón
11 • Atenas
12 • Cartago
13 • Juan Viñas
14 • La Unión
15 • Paraíso
16 • Heredia
17 • Santo Domingo
18 • San Joaquín
19 • Barba
20 • Santa Bárbara
21 • San Rafael
22 • Liberia
23 • Santa Cruz
24 • Puntarenas
25 • Esparta
26 • Orotina
27 • Limón

169

sólo a un público trabajador sino a los intelectuales radicalizados.

Envueltas por una retórica libertaria *Hoja Obrera, La Aurora Social,* y la Revista *Renovación* fueron las que irradiaron las ideas socialistas en general y anarquistas particularmente. Primero en San José, que era el centro difuso y luego en las demás provincias. A pesar de que crecía el movimiento en los centros de provincia, no desarrollaron una prensa propia.

No existe en nuestro medio un estudio sobre las ideas socialistas; algunos intentos los hizo el filósofo Constantino Láscaris [85] que esperan una revisión y superación general a partir de todos los adelantos teóricos y metodológicos en el tratamiento de esos temas, tienen el inconveniente de ser estudios sobre pretendidas corrientes de ideas abstraídas de su contexto. Parece más urgente estudiar el arraigo de tal o cual idea del siglo XIX o XX en la mentalidad costarricense de la época.

En el caso de las ideas socialistas en general, se habla de su difusión, pero nos quedamos cortos en el análisis del arraigo de las mismas, y si las ideas socialistas calaron y echaron raíces en ciertos sectores sociales. Lo que debería retener la atención del historiador como lo apunta Jean Ehrard son: los matices, las ambigüedades, las contradicciones [86]

El primer socialismo europeo, inspirado en Fourier, Saint Simon, P. J. Proudhon, fue conocido por los núcleos de artesanos e intelectuales radicalizados de por lo menos las tres últimas décadas del siglo XIX, su impronta quedó en las

---

(85) LASCARIS, Constantino. *Desarrollo de las ideas filosóficas en Costa Rica.* Editorial Costa Rica, San José, 1964.
(86) EHRARD, Jean. "Historia de las ideas e historia social en Francia en el siglo XVIII: reflexiones de método". NICOLET, y otros. *Niveles de cultura y grupos sociales.* Editorial Siglo XXI, Barcelona, 1977, pág. 179.

organizaciones del movimiento artesano-obrero (mutualidades, cooperativas) en su concepción de cambio, y en los métodos de lucha usados.

El movimiento tuvo el sello del pacifismo y confiaron en una reforma desde arriba hacia abajo en la adopción de sus ideas por los gobernantes.

El anarquismo fue otra de las ramificaciones del socialismo que se conoció en Costa Rica en el siglo XIX; en un primer momento difundido principalmente por medio de la prensa católica y liberal. Lo que estos medios de divulgación propagaron fue una versión del anarquismo enfocado en sus aspectos negativos y destructivos, ligado en mucho a los acontecimientos que sacudieron a Europa en las dos últimas décadas del siglo pasado.

Solamente para ilustrar lo que decimos, un órgano de información en 1894 publicó, entre otros artículos, en donde se refería a los anarquistas del siguiente modo: "No son más que malhechores de derecho común, que tratan de disimular sus atentados bajo la máscara de teorías sociales tan insensatas como peligrosas"[87].

Entre 1890 y 1894 *La Unión Católica* publicó numerosos artículos sobre los actos terroristas que se producían en Europa, principalmente en España: como las bombas lanzadas por Paulino Pallás contra el capitán de Cataluña; o la bomba lanzada por Santiago Salvador contra el Teatro del Liceo de Barcelona en 1893. Actos todos emparentados con el anarquismo, eran editorializados en forma amplia y detallada en estos periódicos.

Tanto en el caso español como el francés, de los cuales se conocieron en Costa Rica los atentados de Revachol y Cyvoct, eran actos de individualistas, o al menos de círculos de tres o cuatro personas, dictados por decisiones personales y no por decisiones de grupos[88]. Este terrorismo individualista estaba justificado por la llamada teoría de la propaganda por los hechos. Enfoques aprobatorios de la

---

(87) *Periódico*, 1 de octubre de 1894, pág. 1.
(88) WOODCOCK, George. *El Anarquismo.* Editorial Ariel, Barcelona, 1979, pág. 278.

violencia y el terror personal como rumbo apropiado para la lucha social [89].

Se conocieron en el siglo XIX costarricense, algunos nombres de libros y autores anarquistas que publicaron los periódicos liberales como: *La conquista del pan* de Kropotkine; *Qué es la propiedad* de Proudhon; *Dios y el estado* de Bekosi; *El individuo y su porvenir* de Max Stirner; *El libro de las miserias* de Luisa Michael [90].

Debemos distinguir entre la difusión de las ideas, y en este caso, difusión distorsionada del anarquismo con el arraigo de las mismas en la mentalidad colectiva y el movimiento obrero. Aunque en esta versión del anarquismo se introducen ciertas tácticas y métodos propios del anarquismo, como el voto es una falsedad universal; o el antiparlamentarismo y las ideas abstencionistas.

No fue sino hasta principios del siglo XX, cuando realmente estas ideas prendieron en algunos intelectuales y obreros, y en menor medida en artesanos y empresarios.

Por ejemplo, el director y redactor del periódico *El Derecho* Rogelio Fernández, en 1903 se declaraba anarquista en una serie de artículos que publicara en ese periódico, los cuales demostraban cierta familiarización con parte importante de la literatura anarquista. Sin embargo, su postura concreta estaba bastante distante de la misma [91]. Ese mismo año el gobierno y la prensa acusaron a los panaderos de anarquistas, en ocasión de la huelga que realizaron estos trabajadores, cuestión que nunca pudieron demostrar.

En 1905 se denunciaba al gobierno que en un establecimiento de enseñanza superior se predicaban doctrinas que no encajaban con el medio social. Fuera del establecimiento, había un cenáculo donde se reunían los iniciadores en la nueva escuela, se daban conferencias con temas como: la religión es una utopía; el amor libre es lo natural; el gobierno es fruto de la fuerza; y enseñanzas por el estilo [92].

(89) IAACOV, Oved. *El anarquismo y el movimiento obrero en Argentina.* Editorial Siglo XXI, México, 1978, pág. 55.
(90) *La República,* 24 de octubre de 1894.
(91) *El Derecho,*31 de julio de 1903, pág. 2 y 3.
(92) *El Noticiero,* 13 de junio de 1905.

José María Zeledón, uno de los implicados, rechazó el cargo sobre la pérdida del amor libre, por lo demás: "No solo las confesaba con valor una vez más, sino que las proclamaba nuevamente como las verdades tras las cuales ha de ir la humanidad en marcha presurosa hacia su felicidad del porvenir. Pero esas enseñanzas se han estado haciendo a plena luz desde hace tiempo en el vasto campo de la prensa"[93].

A fines de ese mismo año en el periódico católico *La Unión* agregaba: "Ya se dan visos de que esta terrible y destructora plaga comienza a desarrollarse en el país, tan lleno de paz, amante del trabajo y del bienestar social" [94].

Desde comienzos del siglo XX fueron siendo más visibles las malas condiciones de vida y de trabajo a las que se vieron sometidos los trabajadores: largas jornadas de trabajo, bajos salarios que no alcanzaban para el sustento diario, las pésimas condiciones habitacionales a las que era empujado el trabajador pobre, la incorporación cada vez más numerosa de niños y mujeres a las labores productivas, los accidentes laborales, más frecuentes a principios de siglo, producto de los trabajos mecanizados, ciertas presiones de campesinos emigrantes, era tal que la protesta no solo fue posible, sino casi obligada.

Nada más inevitable, en la primera y la segunda década del siglo XX, que la aparición de un movimiento artesanal obrero; con viejas y nuevas batallas por realizar.

El creciente problema de ricos y pobres en la primera y segunda década del siglo, hizo irrumpir y arraigar las ideas socialistas y anarquistas, las cuales encontraron terreno propicio para desarrollarse en Costa Rica.

En la primera parte de la década del diez de nuestro siglo las ideas socialistas estaban en alza, no solo con la creación de órganos de prensa como *La Hoja Obrera, La Aurora Social,* y la revista *Renovación;* centro de estudios,

---

(93) *El Noticiero,* 13 de junio de 1905.
(94) *La Unión,* diciembre de 1905.

librerías, bibliotecas, sino también por un fluido intercambio de materiales con movimientos obreros de otras latitudes. En 1910 Omar Dengo, conectaba la Sociedad de trabajadores con el Consejo Federal de la Federación Obrera Uruguaya de orientación anarquista [95]. En 1913, *Hoja Obrera* recibía desde el extremo sur del continente *El Despertar de los Trabajadores,* diario defensor de la clase obrera que se editaba en Chile y folletos doctrinarios sobre el socialismo y el Primero de Mayo; mientras *Hoja Obrera* circulaba en Chile [96]. Estaban informados de los avances de la organización y las luchas del movimiento obrero europeo [97].

En 1912 dio a luz el periódico *La Aurora Social* con el lema "Organo de la clase obrera centroamericana". Su primer director fue Gerardo Vega, costarricense, de oficio tipógrafo; su administrador el Señor Sánchez Borga y el editor el costarricense Ovidio Rojas. A través de esta publicación se podía conocer parte del movimiento obrero centroamericano, en sus páginas se encontraban escritos de muchos anarquistas suramericanos y europeos.

Quizás la publicación de mayor importancia desde el punto de vista doctrinario fue la revista *Renovación,* cuyo primer número apareció el 15 de enero de 1911 y se publicaba cada quince días bajo la animosa dirección de Anselmo Lorenzo y José Ma. Zeledón, su editor era Ricardo Falcó, linotipista español, nacido en la provincia de Cataluña en 1877, quien había llegado al país en 1909. Trabajó en los talleres de la imprenta *La Información* y tenía una larga trayectoria sindical según sus propias declaraciones. Fue fundador de la Sociedad de Arte de imprimir de España, fundador de los centros Ateneo enciclopédico popular de Barcelona, y del Ateneo sindicalista de la misma ciudad, organizó la comisión El Progreso [98]. Desde su llegada

(95) *Hoja Obrera,* 29 de mayo de 1910, pág. 1.
(96) *Hoja Obrera,* 4 de febrero de 1913, pág. 3.
(97) *Hoja Obrera,* 20 de octubre 1911, pág. 2.
(98) *La Información,* 10 de abril de 1913, pág. 3.

mantuvo una activa y fluida comunicación con anarquistas de la altura de Kropotkin, Carlos Malato, Anselmo Lorenzo, estos dos últimos de reconocido prestigio en el movimiento anarquista español.

Los objetivos de la revista eran: la protesta contra la injusticia reinante, con el propósito de impulsar la evolución progresiva con la acción conjunta de todos los hombres de ambos mundos [99].

La revista era editada en Costa Rica pero su contenido provenía mayoritariamente de plumas anarquistas europeas que doctrinariamente, hacia esta fecha, tenían una larga trayectoria de creación teórica y primordialmente de lucha. El principal exponente de los ideales anarquistas fue Anselmo Lorenzo quien durante tres años quincenalmente escribió los editoriales de la revista *Renovación*.

En estos años se vislumbra un pensamiento que tendía a una creciente originalidad y solidez y que a partir de 1911 en adelante daría fisonomía a la conciencia política de la clase obrera.

Seleccionaremos las dos tendencias más influyentes en el movimiento obrero costarricense, entre 1909 y 1914; los socialistas reformistas que giraron alrededor de *Hoja Obrera* y la anarquista. Servirá también para esclarecer el hecho que en estos años se dá la primera división en el seno del movimiento obrero costarricense; desde el punto de vista de las presiones ideológicas que inspiraban a una y otra tendencia, las diferencias quedarían claramente definidas en las tácticas y estrategias y en el tipo de organización que debía de adoptar el movimiento.

La tendencia socialista reformista tenía un peso considerable entre los artesanos; ya a comienzos de este siglo los trabajadores abogaban por una acción política que permitiera tener representantes en el parlamento; entre 1909 y 1914 esta postura estaba bien arraigada e influía en la dirección del

---

(99) *Revista Renovación*, año I, No. 5, 15 de enero de 1911, pág. 2.

movimiento; pero desde 1911 en adelante tuvieron que enfrentarse a la tendencia anarquista que crecía y prendía rápidamente en amplios sectores de los trabajadores urbanos y en número considerable de intelectuales.

Hoja Obrera desde principios de 1910 reflejaba sus aspiraciones en este campo. "La voz de los obreros ha hecho falta y está haciéndolo en ese recinto (se refiere al congreso), y que el despojo criminal e injusto que hasta hoy se ha perpetrado en contra de ellos a ese respecto ... y es que entre nosotros la república, las doctrinas democráticas, los derechos del pueblo y todas esas mentiras políticas, tienen la vida fulgurante y periódica de las luchas eleccionarias y los gobiernos que de ellos surgen son siempre iguales [100].

Para algunos, pueda que esto no sea más que liberalismo, pero ello puede llevarnos a conclusiones falsas; estos trabajadores habían aprendido las lecciones que tenían su origen en la Revolución Francesa sobre la República y lo adaptaron a la realidad costarricense y a sus propios fines y a veces los emplearon eficazmente contra las clases dominantes.

Para estos trabajadores que predicaban la república, las clases dominantes los privaban de participar en el poder, de tomar decisiones, de tener sus propios representantes, de ampliar la democracia, vieron en los gobiernos favoritismos [101], corrupción [102], gobiernos hereditarios y donde los derechos del pueblo son una mentira [103], intentan borrar privilegios.

El ingenio popular aprovecha cualquier acción para satirizar a los que abusaban del poder. Un poema leído en una reunión de obreros en octubre de 1911 cuyo autor se escondía bajo las iniciales de R.A.D. decía en algunas de sus partes:

---

(100) *Hoja Obrera*, 27 de febrero de 1910, pág. 1.
(101) *Hoja Obrera*, 27 de marzo de 1910, pág. 1.
(102) *Hoja Obrera*, 6 de febrero de 1910, pág. 1.
(103) *Hoja Obrera*, 27 de febrero de 1910, pág. 1.

Ni gobierno ni congreso,
de obreros quiere la unión
y quizás tengan razón!
porque entonces harán peso
en los repartos del hueso
y en los contratos leoninos
en que quedan los felinos
hasta el gollete de plata
y pueblo que no nos delata
es un pueblo de cretinos.

De esta patria empobrecida
ved sino los diputados
y a tantos otros volcados
llevan el alma cocida
o en los forros del vestido
y no se acuerdan que han sido
en política estropajos!
si ya no pasan trabajos
se olvidan de lo ofrecido! (104)

---

(104) *Hoja Obrera*, 10 de octubre de 1911, pág. 1.

Hoja Obrera fue el órgano de expresión de esta tendencia socialista-reformista. Sus orientadores buscaban el adelanto del proletariado, se caracterizaban por ser evolucionistas, fomentaban la organización y exigían a los partidos tradicionales que se incluyera en sus filas a obreros para ocupar puestos en la cámara.

Su posición ante la posibilidad de la revolución nos ayudará a precisar su carácter evolucionista: "La revolución es la muerte, y como tal debe aplicarse solamente a las dolencias incurables. La revolución es la ruina y solamente es permitida cuando sobre el terreno en que se va a construir se desea que no quede piedra sobre piedra del edificio antiguo" [105].

Para comienzos de 1913 *Hoja Obrera* ya no era: "Organo de la sociedad de trabajadores", perdiendo una importante parte de su base social y la organización que le había permitido dar a luz en 1909. Esta separación fue producto de la estrecha relación y la decisión de participar en política de este periódico, cuestión que como hemos visto no tenía nada de nuevo en grupos importantes de trabajadores.

El editorial de *Hoja Obrera* del 13 de mayo de 1913 fija su "nuevo rumbo": Nuestra lucha, en la campaña política será doctrinaria, de principios republicanos, tras un ideal que es el de la prosperidad de nuestra patria y bienestar de la clase proletaria. Nunca haremos campaña personalista en que se vean artículos injuriosos llevando bilis, ni la baba rastrera de la crítica injusta" [106].

Ese mismo año se celebraba en Costa Rica por primera vez el Primero de Mayo; el grupo que giraba alrededor de *Hoja Obrera* con su nueva orientación no dedicó espacio alguno a este acontecimiento de tanta importancia para sus contemporáneos, la razón estribaba, en parte, en la pérdida de vinculación con el devenir del movimiento obrero.

En abril de 1913 *Hoja Obrera* recibía otro golpe por parte del movimiento artesano-obrero costarricense: la "Confederación de Obreros" constituida en San José, cuyas bases

---

(105) *Hoja Obrera*, 13 de mayo de 1913, pág. 2.
(106) *Hoja Obrera*, 13 de mayo de 1913, pág. 2.

habían sido aceptadas por todas las sociedades obreras de Costa Rica decidieron nombrar como órgano oficial periodístico la publicación titulada *La Aurora Social* [107] vocero defensor de la clase obrera centroamericana. *Hoja Obrera* lentamente fue cambiando su carácter, desde ser una publicación marcada con un lenguaje de tinte libertario en sus primeros años hasta transformarse en un periódico de apoyo a partidos republicanos, a la que probablemente se le uniera un grupo considerable de artesanos y obreros. La publicación desapareció en 1914. Justo es reconocer que a pesar de lo anterior no olvidó su esencia dando espacio a escritos dedicados a ilustrar al trabajador o a reseñar los avances del movimiento internacional.

La tendencia anarquista estaba afincada con mucho mayor fuerza y vigor en un sector importante de trabajadores manuales e intelectuales de las ciudades.

La revista *Renovación* que ya hemos destacado, llevó a cabo una ardua campaña en favor de las ideas anarquistas; sobre tácticas obreras como el sindicalismo en oposición al partido político; el apoliticismo o doctrina abstencionista; una lucha en contra del socialismo reformista. En esta publicación escribieron los más connotados anarquistas del mundo: Enrico Malatesta, Eliseo Reclus, Bakunin, Pedro Kropotkin [108]. Esta revista en forma de lecciones prácticas, iba educando a los trabajadores costarricenses sobre temas diferentes: muchos trabajadores socialistas y republicanos desviados por el socialismo que promete la ilusoria conquista de los poderes públicos, o el radicalismo republicano que promete reformas ineficaces porque deja intacta la cadena de accesión, lo aceptan, esperando cándidamente lograr la formación de aquella legión de diputados obreros y burgueses radicales que por el voto de la mitad más uno de los votantes acuerden la emancipación social de los trabajadores [109].

---

(107) *La Aurora Social,* 10 de abril de 1913, pág. 2.
(108) Pueden verse las relaciones epistolares de Kropotkin y el anarquista costarricense Elías Jiménez en *Revista de Filosofía,* U. CR.
(109) LORENZO, Anselmo. "Táctica Obrera". Revista *Renovación,* Año 1, No. 12, 30 de junio de 1911, pág. 177.

La organización más eficaz, según los inspiradores de la revista, era el sindicalismo, institución salvadora que cada despojado, cada injuridado, cada víctima de la injusticia social, hallará, no apoyo masivo sino solidaridad positiva, verdadero compañerismo, fuerza necesaria para su satisfacción y justificación; en ello los obreros se unen en sindicatos por oficio, por agrupaciones similares de ocupación y hasta desocupados [110].

En 1913 se publicaban afirmaciones de Eliseo Reclus sobre el sufragio: "Votar es lo mismo que abdicar. Nombrar uno o más patronos para un período más o menos largo es lo mismo que renunciar a la propia soberanía" [111]. Enrico Malatesta decía: "Con el sufragio universal los legisladores salen de la mayoría, y de esta mayoría de legisladores es la parte más reaccionaria la que hace las leyes. De aquí resulta que la ley la hace efectivamente la minoría más atrasada" [112].

Eran los años donde el lector radical no solo se podía instruir sobre estas teorías en esta Revista; también podía leer el periódico *La Aurora Social* y podía comprar libros anarquistas en la Librería Falcó (véase cuadro No. 10) que fortalecieron enormemente estas posiciones.

Es difícil para el historiador saber cuántos eran los que compraban y leían estos libros, aunque sí sabemos que entre sus compradores y lectores estaban un número considerable de trabajadores e intelectuales autodidactas. Tenemos los títulos de los libros pero estamos desprovistos para saber cuántos se traían y se vendían. Lo que debemos tener presente como acertadamente dice el historiador frances Jean Ehrard, es que no es posible confundir la ciruclación de los libros con la de las ideas: un libro con frecuencia provoca un fenómeno de ondas concéntricas; el círculo de sus lectores es

(110) LORENZO, Anselmo. "El sindicalismo moderno". Revista *Renovación* Año 2, No. 30, 31 de junio de 1912, pág. 81–82.
(111) RECLUS, Eliseo. "El Sufragio". Revista *Renovación*. Año 3. No. 49, 5 de enero de 1913, pág. 217.
(112) MALATESTA, Enrique. "El Sufragio". Revista *Renovación*. Año 3, No. 49. 5 de enero de 1913, pág. 217.

más amplio que el de sus compradores; el público indirectamente alcanzado es más vasto que el de sus lectores [113].

Habrá que hacer una diferencia necesaria entre el anarquismo divulgado a través de la Revista *Renovación;* y las ideas anarquistas sustentadas en Costa Rica. Esa revista reflejaba las posiciones anarquistas del movimiento obrero primordialmente y europeo en general, a través de la pluma de uno de sus máximos dirigentes, Anselmo Lorenzo.

El grado de compenetración de esas ideas no solo a través de esa revista, sino de libros de propaganda oral, fueron asimiladas y adaptadas a las circunstancias costarricenses. Sin duda tuvieron mucha aceptación e inspiración al movimiento como también fueron atacadas, he aquí una parte de un poema que desaprobaba el anarquismo, escrito por el tipógrafo José De Las Fuentes dedicado a sus compañeros de trabajo:

Las doctrinas tan hermosas que en Judea nos dio Cristo
que los hombres las hicieron, ¿por qué causa se han
proscrito?

Porqué todo, todo aquello santo y grande
no lo aceptan los progresos de este siglo. . .

Ves, funesta decadencia de las santas libertades
que soñaron los sublimes libertarios de otros tiempos
¿Qué trajiste? ¡el estúpido anarquismo!
decadencia de las bellas religiones,
¿porqué arrastras a los hombres al error del ateísmo?
Ah, por eso compañeros de la imprenta

necesario es separarnos de los hombres de este siglo [114].

(113) EHRARD, Jean. Op. Cit. pág. 81.
(114) *La Aurora Social,* 29 de mayo de 1913, pág. 3.

CUADRO # 10

LITERATURA ANARQUISTA
DE VENTA EN COSTA RICA 1913

Autor	Obra	Presentación	Precio en colones
GRAVE (Juan)	Las aventuras de Nono	Rústica	0.50
GRAVE (Juan)	Tierra Libre	Rústica	0.50
KROPOTKINE (Pedro)	Palabras de un rebelde	Rústica	0.50
KROPOTKINE (Pedro)	Campos, Fábricas y talleres	Rústica	0.50
KROPOTKINE (Pedro)	Las Prisiones	Rústica	0.50
KROPOTKINE (Pedro)	El Apoyo Mutuo (2 tomos)	Rústica	1.00
KROPOTKINE (Pedro)	La Ciencia moderna y el anarquismo	Rústica	0.50
LORENSO (Anselmo)	El Banquete de la vida	Rústica	0.75
LORENSO (Anselmo)	Vida Anarquista	Rústica	0.50
LORENSO (Anselmo)	El Pueblo	Rústica	0.50
MALATESTA (Enrique)	Entre Campesinos	Rústica	0.20
MALATESTA (Enrique)	En el Café	Rústica	0.20
MALATESTA (Enrique)	El tiempo de elecciones	Rústica	0.20
MALATO (Carlos)	Las clases sociales	Rústica	0.50
MALATO (Carlos)	En Guerra (idilio)	Rústica	0.25
MELLA (Ricardo)	Cuestiones Sociales	Rústica	0.50
NAQUET (Alfredo)	Hacia la Unión Libre	Rústica	1.00
PERT (Camille)	En Anarquía	Rústica	0.50
YVETOT (J)	ABC del Sindicalismo	Rústica	0.15

Fuente: Revista *Renovación*, año III, No. 53–54, 10 de mayo de 1913, contraportada.

Afirmaciones como aquella de que la anarquía era una secta de alienados cuyos únicos argumentos son la dinamita, el puñal, o la pistola, eran frecuentes en la prensa liberal y conservadora desde fines del siglo pasado. En esa fecha, esas acusaciones emparentadas con el anarquismo no tuvieron una respuesta; pero en 1913 sí las había y algunos trabajadores podían exponer claro y con sencillez los ideales del anarquismo.

Muchos autodidactas eran asiduos lectores de la literatura anarquista. Veamos un editorial de *La Aurcra Social* de 1913 donde se argumenta: "Anarquía quiere decir negación de autoridad, es cierto; pero ello científicamente hablando, no significa en manera alguna ausencia de orden y de bienestar para el conglomerado social. El anarquista niega la autoridad tal como la conciben los autoritarios, los explotadores de las masas y de los empleados públicos. Los anarquistas dicen que la sociedad ha de fundarse sobre la más estrecha solidaridad entre los mismos (sic) de la especie humana. Y terminaba diciendo: ¿Habrá ideal más noble, más altruista y más sublime? En dónde están ahí predicados el asesinato, el robo, la violencia y el desorden" [115].

Otra variante del anarquismo costarricense era la tendencia terrorista, con toda seguridad muy poco entendida, aunque no ausente. Cabe recordar que a fines del siglo pasado la aprobación del terror personal estaba propagada en el anarquismo europeo; y su influencia llegó a Costa Rica. Sirve de ejemplo el poema titulado *El Nihilista* publicado en *La Aurora Social* en 1912, cuyo autor era Luis R. Flores (costarricense), quien justificaba el terrorismo ante la explotación y la miseria que eran víctimas los trabajadores:

Miras tu hogar y el porvenir te aterra;
te espanta ver tu mísera existencia
cuando viven gozando en la opulencia
los grandes potentados de la tierra

---

(115) *La Aurora Social,* 12 de setiembre de 1913, pág. 2.

Y si la puerta del taller se cierra
que ha sido para tí la providencia
no te queda más Dios en tu conciencia,
que el norte yengativo de la guerra.

¡Ver tus hijos sin pan! ver el enjambre
de harapientos pasar! ... en tu alma llevas
la indignación que se retuerce y grita:
y al ver frente a tu hogar hambrienta el hambre,
contra el cielo y la tierra se sublevan
y te salva una luz: la dinamita [116].

El sindicato creado por los trabajadores de varios oficios
de Cartago, en 1914, anunciaba que estaba inspirado en las
ideas de uno de los más destacados anarco-sindicalistas franceses, como lo era George Yvetot, cuya obra el *ABC del
Sindicalismo* se vendía en la Librería Falcó, lo que confirma
el consumo e instrumentalización de la literatura anarquista.

Desde principios de 1912 se había creado el Centro de
Estudios Sociales Germinal[117]; lo formaban intelectuales de
la talla de Joaquín García Monge, Omar Dengo, obreros
nacionales y extranjeros como el tipógrafo peruano Luis Valle y Suárez, el obrero costarricense Juan Rafael Pérez [118].

El Centro Germinal se proponía, de acuerdo con un
importante movimiento internacional de propaganda por la
cultura del proletariado, combatir los prejuicios sociales, re-

---

(116) *La Aurora Social,* 30 de julio de 1912, pág. 2.

(117) DE LA CRUZ, op. cit. sostiene que el Centro Germinal fue fundado en
1909. Según la información periodística de la época, que hemos recogido,
esto ocurrió hasta comienzos de 1912, tres años después de la fecha suge-
rida por el mencionado autor.

(118) *La Prensa Libre,* 17 de agosto de 1912, pág. 3. Otros integrantes del Centro
Germinal fueron: Patricio Ortiz, José Alfaro, Odilón Cordero, Juan Rafael
Meneses, Leonardo Estrada, Raúl Maldonado, Antonio Maffuses, J.E. Hernández, M.A. Castillo, J.J. Romero, Marco A. Buitrago, J. Lorenzo García
y Julio Monge. Véase La República, 10 de abril de de 1913, pág. 3.

ligiosos y políticos, que tardaban la evolución de los trabajadores [119].

El centro estableció cursos libres de ciencias sociales, conferencias y sesiones públicas, organizó una biblioteca. En 1913 bajo su dirección se organizó la Federación General de Trabajadores nacionales[120]. El Centro Germinal tenía las típicas características de las agrupaciones anarquistas; en su local estaba izada la bandera rojo y negro, donde se congregaban por las noches obreros de los distintos talleres de la capital, en sus salas se colgaban los retratos de Emilio Zolá y de Eliseo Reclus [121]. Sus reuniones tenían la particularidad de ser informales, sin mesas directivas, y los miembros se esparcían por el local de reunión. Al comenzar cantaban un himno libertario llamado "Hijos del Pueblo" [122].

En esta reunión se estudiaban los sistemas de organización moderno de los trabajadores, de aquí surgió la idea de la Federación. Este centro no solo impulsó la creación de una organización nacional de los artesanos y obreros del país sino que empujó la conciencia antipatronal.

En abril de 1913 a raíz de una conferencia del Lic. Luis Cruz Meza, en la Sociedad de Obreros de Cartago en donde manifestaba que en Costa Rica no existían desigualdades, ni capataces, ni jefes ni patrones; proponía a los trabajadores para su triunfo emancipador la instrucción, el trabajo, el ahorro y el auxilio mutuo [123].

---

(119) En agosto de 1912, bajo la denominación de "libertario", se había organizado en San José una agrupación con el fin de difundir, por medio de la prensa y de la acción personal, los ideales comunistas anárquicos. Su local estaba situado en la avenida doce, entre las calles cinco y siete. La Junta Administrativa estaba formada por Juan Rafael Bonilla, Juan Rafael Meneses, José Alfaro, Juan E. Hernández y Julio Monge. Se proponían publicar un periódico cuyo título era "El Libertario". No sabemos si se trata de un grupo independiente al Centro Germinal pero sí puede observarse que los mismos miembros de este grupo pertenecían al Centro Germinal. *La Aurora Social,* 20 de agosto de 1912, pág. 3.

(120) *La Aurora Social,* 10 de abril de 1913, pág. 2.

(121) *La Prensa Libre,* 8 de mayo de 1913, pág. 1.

(122) *La Prensa Libre,* 7 de agosto de 1912, pág. 3.

(123) *La República,* 3 de abril de 1913, pág. 3.

El Centro le propuso una discusión pública ya que no estaba de acuerdo con los criterios de Cruz Meza. Las opiniones de Cruz según el Centro Germinal, estaban en contradicción no solo con la tendencia mundial de las organizaciones obreras, sino que por otro lado la idea de que en Costa Rica no se lesionaban los derechos del obrero, según Meza, eran negados por el Centro [124].

La discusión no fue aceptada por Cruz Meza.

El Centro ayudó a fortalecer las posiciones anarquistas inculcando a los trabajadores las ideas anticlericales, el abstencionismo doctrinario, el antiparlamentarismo y el sindicalismo. Ideas que venían difundiendo tanto la Revista *Renovación* desde 1911 como *La Aurora Social* en 1912, en cuyas páginas, se dio cabida a tales planteamientos, aunque de manera menos firme. Las ideas anarquistas ayudaron a expresarse con vehemencia e indignación contra la burguesía.

El voto funcionó como una cuestión de suma importancia y la participación en luchas políticas se convirtió en un aspecto cardinal del desarrollo de la conciencia del artesanado y proletariado costarricense. Ya hemos señalado la posición de un sector de los trabajadores cuyo órgano de expresión fue *Hoja Obrera* que en 1913 polemizó con Billo Zeledón declarado defensor del abstencionismo de los trabajadores en elecciones [125].

Los anarquistas agrupados alrededor de la Revista *Renovación* fijaron su posición ante las luchas eleccionarias de 1913 en Costa Rica. Elías Jiménez decía: "En el terreno de las ideas, podemos estar absolutamente solos. No creemos en la bondad del sistema republicano, no creemos en la eficacia del voto y detestamos de todo corazón el parlamentarismo".

"En el terreno de los hechos, no somos revolucionarios. Acatamos la voluntad de las mayorías, de la pequeña propiedad en que vivimos, y vivimos en ella porque no nos parece

---

(124) *La Prensa Libre,* 1 de abril de 1913, pág. 2.

(125) Esta polémica se conoció con el nombre de Controversias Doctrinas. La prensa nacional publicó extensos artículos de los bandos. Billo Zeledón recibió el apoyo del Centro Germinal, quienes practicaban el abstencionismo doctrinario. La posición del Centro Germinal la recogimos de una hoja suelta.

compuesta por malvados. Sin forjarnos ilusiones de ninguna especie, iremos ahora como siempre en contra de toda imposición de gobierno o de clase. Sin proceder por propia cuenta al examen de personalidad todos más o menos antipáticos, estaremos en plaza con la mayoría anónima de los que sufren y producen" (126).

De ningún modo este grupo estaba solo en su militancia abstencionista, habían cientos de trabajadores que practicaban el apoliticismo, ante las farsas eleccionarias, promesas y engaños de los políticos tradicionales.

El tipógrafo Gerardo Vega se expresaba del modo que sigue: "En la política no está el bien de nosotros los obreros, en la política no existe más que la humanidad explotadora, la humanidad parasitaria que se regala con los afanes de los que trabajamos; la política es una horda de zánganos que devora la miel aglomerada.

Con tanto trabajo en el corazón de una colmena: el pobre pueblo" (127).

Por su parte el Centro Germinal desde junio de 1913 comenzaba una campaña que denominaron "propaganda revolucionaria". Se trataba de una propaganda contra la política, entre sus objetivos estaba el visitar varios pueblos. Al primero que se dirigieron los miembros del centro fue a San Juan de Tibás donde levantaron una tribuna pública (128), distribuyeron folletos entre los asistentes a los actos; uno de ellos se titulaba "paz, pan y libertades", era un análisis de la frase con que el presidente de la república terminaba su discurso en el congreso. Prepararon programas y hojas sueltas para invadir el país con las doctrinas abstencionistas y las ideas anarquistas (129).

---

(126) JIMENEZ, Elías. Revista Renovación. Año 3. No. 58, 25 de mayo de 1913, pág. 16.
(127) *La Aurora Social,* 12 de noviembre de 1912, pág. 2.
(128) *La Prensa Libre,* 2 de julio de 1913, pág. 3.
(129) *La Prensa Libre,* 13 de junio de 1913, pág. 1.

Pero lo cierto es que estos esfuerzos de éstos propagandistas no eran suficientes para contrarrestar las ideas liberales a las cuales se adherían un grupo considerable de artesanos y obreros. Por otro lado la tendencia socialista reformista no solo obtuvo adeptos en *Hoja Obrera,* pues, en julio de 1913 *La Aurora Social* fijaba su posición sobre la participación política: ¿En los senados de Europa no existen representaciones de todas las clases? En el Reischajt (sic) de Inglaterra, el senado en Roma y en la Cámara francesa discuten obreros, liberales, socialistas, católicos, radicalistas y gobiernistas. Entonces, ¿a qué poner objeciones para que en un país tan pequeño como éste, tengan representaciones las minorías? Adelante, en buena hora, que ese es principio de republicanismo y un honor a la democracia . . ." [130].

El Centro Germinal quien desde su creación tuviera una estrecha y fraternal relación con los trabajadores y sus organizaciones impulsó en 1913 la celebración por primera vez del Primero de Mayo en Costa Rica. En el local del Centro Germinal, desde mediados de abril de ese año se reunían delegados de casi todas las asociaciones obreras a preparar la celebración del Primero de Mayo [131]. Días después circuló un manifiesto a los trabajadores de los acuerdos de la comisión organizadora en el cual invitaban a los trabajadores residentes en el país, sin distinción de raza, nacionalidad, oficio, creencias religiosas y opiniones políticas; a conmemorar el Primero de mayo. Se les incitaba a suspender sus tareas por ese día. Como también señalaba que la celebración era una manifestación de protesta contra todas las injusticias a las que eran sometidos los trabajadores en el mundo, recordando los acontecimientos de Chicago cuando los trabajadores norteamericanos en 1886 realizaron una huelga para reducir la jornada diaria de trabajo a ocho horas máximo, y fueron masacrados [132].

(130) *La Aurora Social,* 25 de julio de 1913, pág. 2.
(131) *La Prensa Libre,* 21 de abril de 1913, pág. 3.
(132) *La Aurora Social,* 30 de abril de 1913, pág. 2.

A las ocho y media de la mañana del primero de mayo de 1913 comenzaron los actos con un desfile hacia La Sabana. En automóviles, coches, motocicletas y carremotos, mientras los tranvías apretados de gente se dirigían a La Sabana [133]. Se realizó un encuentro de fútbol entre el Club Sport La Libertad y el Club Oriente. A las nueve y media se repartieron confites a los niños pobres envueltos en un papel de color con la leyenda "Fiesta del Trabajo Primero de Mayo de 1913" [134].

Se pronunciaron discursos a cargo de Carmen Lyra y el obrero Juan Rafael Pérez. Después de medio día hubo un mitin en el Edificio Metálico donde hablaron Omar Dengo y Félix Quesada. Poco después visitaron el cementerio donde pronunciaron discursos Gerardo Vega y otros [135]. En la noche prosiguió la celebración en el Edificio Metálico donde Joaquín García Monge pronunció el discurso de fondo. No resulta sencillo poder evaluar el contenido y significado de esta celebración del movimiento artesano-obrero costarricense. Se centra en recordar los sucesos de Chicago y evidencia su carácter internacionalista. Los organizadores consideraban pertenecer a un movimiento obrero mundial, que sobrepasaba las fronteras no sólo geográficas, sino religiosas, de raza, de nacionalidad e ideas políticas y que se trataba de una protesta contra la injusticia y la explotación. Esto se evidencia tanto en el manifiesto de invitación para celebrar el Primero de Mayo como en los discursos pronunciados por tal motivo [136]. Este contenido sirvió para que muchos dueños de taller, fábricas, empresas y el gobierno pusieran obstáculos a la celebración, calificándola como acto subversivo; y de mala gana se concedió el permiso para que los actos públicos se realizaran [137]. Los panaderos tuvieron que elaborar doble

---

(133) *La Prensa Libre,* 2 de mayo de 1913, pág. 1.
(134) *La Prensa Libre,* 2 de mayo de 1913, pág. 1.
(135) *La Prensa Libre,* 2 de mayo de 1913, pág. 1.
(136) Los discursos del Primero de Mayo de 1913, fueron recopilados por De La Cruz, Vladimir. "Antecedentes históricos y celebración del 1o. de Mayo celebrado en Costa Rica". Discurso de Facultad de Ciencias Sociales, IESTRA, U.N.A., 1979, pág. 46–87.
(137) *La Información,* 2 de mayo de 1913, pág. 1.

cantidad de pan en la noche del 31 de abril para cumplir con las presiones de los patrones y poder asistir a los festejos[138]. En muchos talleres se negaron a dar contribución para financiar la celebración [139].

Durante todo el día, primero de mayo, se efectuaron mitines en los cuales se plantearon cuestiones sobre la lucha de los obreros en el mundo, la revolución, la lucha de clases, las injusticias, penalidades obreras.

Este 1o. de Mayo se tradujo en concentración de fuerza de las clases trabajadoras costarricenses.

Cabe preguntarse por qué en este 1o. de Mayo el movimiento no se planteó las consignas que eran típicas de otros movimientos obreros en tales jornadas como las ocho horas, descanso dominical, suspensión de trabajo nocturno, disminución de la jornada laboral de niños y mujeres. Cuestiones que evidentemente conocían los inspiradores del 1o. de Mayo costarricense [140].

Nuestra respuesta puede ser evidentemente discutida, pero nos parece sustancial la siguiente situación: como bien sabemos, el movimiento anarquista mundial de la época, y aún hoy, considera que la celebración del 1o. de Mayo es una lucha reformista y desviacionista de los trabajadores [141].

Es posible que el grupo de trabajadores e intelectuales que giraban en torno a la *Revista Renovación* mantuvieron en aquella época posiciones ortodoxas, las posiciones del movimiento anarquista internacional que rechazaba esta "fiesta

(138) DE LA CRUZ, P. Cit. pág. 53.
(139) *La Información*, 2 de mayo de 1913, pág. 1.
(140) Puede verse los discursos de Carmen Lyra y fundamentalmente el de Joaquín García Monge en DE LA CRUZ, Op. Cit. pág. 54−57 y 65−82.
(141) Frecuentemente el 1o. de mayo se emparentaba con un origen libertario y que la fecha tiene que ver con los acontecimientos de Chicago. Sin embargo, estudios recientes no solo muestran que los anarquistas estuvieron al margen de esa manifestación, sino que la criticaron enérgicamente y se opusieron a ella. Véase ROSEL, André. "Los anarquistas y el 1o. de mayo de 1890 en Francia".

del trabajo". En sus páginas no hay alusiones de apoyo a esa celebración, un año antes su editorialista Anselmo Lorenzo se expresaba en lo que pareció ser la posición oficial del grupo: "La festividad del trabajo, transformación de enérgica protesta en liviana frivolidad, desvían al proletariado de la vía emancipadora . . . tras el generoso sacrificio de los acratistas de Chicago por la huelga del 1o. de Mayo, ha sobrevivido la desviación política socialista, que debilita las energías proletarias y prolonga la dominación del capitalismo" [142].

Por razones diferentes, el grupo que publicaba *Hoja Obrera* no participó en la celebración, para esta fecha no solo había perdido influencia sobre el movimiento sino que las organizaciones que le sustentaron por varios años, se habían apartado de ella; en esta época ese periódico había entrado en un período de conciliación con grupos políticos tradicionales lo que le desprestigió entre los trabajadores organizados. Este evento presentaba el problema de la unidad de acción de la clase obrera, el mismo fue el factor que exacerbó las divisiones.

El discurso de Joaquín García Monge pronunciado el 1o. de Mayo de 1913, nos permitirá decir una última apreciación sobre el contenido de esta celebración: don Joaquín recordaba que el objetivo del 1o. de Mayo era conseguir ocho horas de trabajo máximo por día. Esta proclama según García Monge era una revolución económica, higiénica y educativa; las ocho horas significaban un dique a la codicia de los patrones [143].

La pregunta se nos viene sola nuevamente; ¿por qué no lucharon los trabajadores por estas reivindicaciones? Tanto los objetivos como los métodos del 1o. de Mayo eran rechazados por los anarquistas ortodoxos en el viejo continente (franceses y españoles) a los que probablemente se adherían los anarquistas costarricenses, de ahí que no encontramos

---

(142) LORENZO, Anselmo. "El ciclo de la Rutina". *Revista Renovación*, Año 2. No. 34, 30 de mayo de 1912, pág. 1.
(143) Discurso de Joaquín García Monge. Véase DE LA CRUZ, Op. Cit. Pág. 73.

reivindicaciones de este tipo. Pero evidentemente la posición era muy confusa; por un lado se señalaba que la proclama de las ocho horas era un cambio positivo en la vida social y económica de los trabajadores, una forma de lograrlo era a través de la presión del movimiento a los poderes públicos, cuestión que rechazaba el anarquismo; recordemos que los anarquistas costarricenses eran apolíticos y antiparlamentarios, el mismo don Joaquín en el discurso del 1o. de Mayo que fue considerado el mejor de sus contemporáneos decía: desechad, pues, esa peligrosa ilusión parlamentaria, de los que os halagan las orejas diciéndoos que con leyes del Congreso tendréis becas para vuestros hijos en el extranjero, protección contra los accidentes de trabajo, *ocho horas de trabajo* máximo... entre los valores tradicionales de la política que tendréis que revisar en lo futuro y echar abajo, está esa desastrosa superstición parlamentaria y democrática"[144].

Aquí es donde muestra una de las ambigüedades de los anarquistas costarricenses agrupados en buena parte alrededor del Centro Germinal, con tanta influencia en el movimiento obrero; comprenden por un lado que el 1o. de Mayo significa reivindicaciones y que ellas se pueden lograr presionando al poder público: mientras por otro lado no practican por principios la lucha por reformas parciales. Este aspecto a nuestro modo de ver hizo que el movimiento no planteara ninguna petición al gobierno y a los patrones.

Al año siguiente la Sociedad de Tipógrafos celebraba el 1o. de Mayo en los salones de la Sociedad Federal de Trabajadores con una conferencia de don Augusto Coell y un baile. Dos años más tarde una nueva organización denominada "Cámara de Obreros" publicó la revista *El*

---

(144) Discurso de Joaquín García Monge. Véase DE LA CRUZ, Op. Cit. pág. 79. El subrayado es nuestro.

Despertar de los Trabajadores en conmemoración del 1o. de Mayo: se publicaron artículos alusivos al 1o. de Mayo de países como Alemania, Chile y Gran Bretaña[145] y por primera vez para esta jornada pidieron protección al trabajo, ocho horas de trabajo diarias y reclamos por salarios justos[146].

En el año de 1914 el movimiento artesano obrero entró en una etapa de reflujo coincidiendo con la Primera Guerra Mundial y los graves perjuicios en la economía nacional.

En mayo de 1914 *La Información* publicaba el cierre de muchas fábricas pequeñas y se preveía la quiebra de industrias grandes[147]. Los despidos fueron masivos, se crearon algunas bolsas de trabajo para ayudar a los trabajadores cesantes, se barajaron ideas de organizar cooperativas de consumo y socorro obrero[148]; sin embargo, los esfuerzos fueron insuficientes.

El movimiento mostró su debilidad y fragilidad y una fuerte propensión a la desorganización. Posiblemente esto tuviera que ver con el carácter y composición de las organizaciones de la época las cuales seguían agrupando a artesanos dueños de taller, a artesanos asalariados con características marcadamente artesanales en términos generales; con métodos pacíficos donde la huelga u otros métodos más efectivos no fueron adoptados por el movimiento aunque algunos gremios lo usaron.

En 1914 desaparecieron todas las publicaciones obreras que habían jugado un papel tan importante no solo por su campaña de propaganda en favor de la unión, que tuvieran tantos resultados positivos en los últimos cinco años, sino porque eran los que orientaban al movimiento, y ayudaron a crear la conciencia del pueblo trabajador. En el mes de junio del

---

(145) Revista *El Despertar de los Trabajadores,* No. 1 y 2, 1o. de Mayo de 1916, pág. 11–22.
(146) *El Despertar de los Trabajadores* del 1o. de mayo de 1916.
(147) *La Información,* 26 de mayo de 1914, pág. 2.
(148) *La Prensa Libre,* 21 de agosto de 1914, pág. 1.

año 1914 desapareció la *Revista Renovación;* probablemente su fin tenga que ver de algún modo con la muerte de su principal colaborador don Anselmo Lorenso, quien murió en 1913. Esta publicación terminó siendo dirigida por Carmen Lyra pero con un contenido principalmente literario. Un mes antes lo había hecho *Hoja Obrera* y el 27 de junio de 1914 dejaba de circular *La Aurora Social* cuando abría un amplio debate entre los más destacados dirigentes trabajadores de la época, sobre la posibilidad de crear un partido obrero en Costa Rica independiente de los partidos tradicionales, muestra cabal de que para estas fechas había preocupaciones serias entre los trabajadores de ir buscando su autonomía como clase.

La desaparición de todas las publicaciones obreras en el año de 1914, marcan el reflujo del movimiento. Recordemos que su aparición desde 1909 influyó de manera decisiva en fomentar una conciencia unitaria y de organización, además de jugar un papel de orientador del movimiento y de los trabajadores en general.

CONCLUSIONES

Este trabajo no se hubiera podido realizar sin todos aquellos estudios que han abierto camino en la vasta y casi inexplorada historia social de Costa Rica; así como también a investigaciones que han hecho lo mismo en otras latitudes. Yo no he pretendido otra cosa que explotar algunos aspectos hasta ahora olvidados o muy poco estudiados de la protesta y manifestaciones culturales de artesanos y obreros urbanos costarricenses. Sin duda mi visión es todavía fragmentaria, como que las fuentes para el estudio para estos temas también lo son. Si he ahondado en algunos aspectos más que en otros, se debe por un lado a lo limitado de las fuentes con las que he topado para ciertos temas y períodos de la historia costarricense, además, de mis propias limitaciones y seguramente por falta de una reflexión más aguda sobre los materiales que usamos.

Desearía ahora aclarar en estas líneas algunas cuestiones sobre el desarrollo del movimiento artesano-obrero urbano costarricense en los años que transcurren desde la entrada del asociacionismo en Costa Rica allá por los años 80 del siglo pasado hasta 1914. De la cultura formada y desarrollada por artesanos dueños de taller, artesanos asalariados, maestros y oficiales, autodidactas, surgieron muchos inventores, organizadores, periodistas, activistas y teóricos políticos. Es muy fácil catalogar retrospectivamente esta cultura como conservadora y hasta reaccionaria. Aunque es cierto que una de las direcciones del movimiento impulsado por los artesanos era el tratar de no convertirse en proletarios.

El movimiento que hemos analizado no sacó su fuerza de ninguna industria grande, sino de los oficios y ocupaciones menores. Precisamente el lento desarrollo capitalista permitió, que diferentes fuerzas sociales se unificaran; en un solo esfuerzo: de allí el que estuviera compuesto por artesanos empresarios, artesanos asalariados, proletarios industriales y elementos intelectuales. Cada uno con diferentes condiciones, necesidades e intereses propios. Lo que les unía era la necesidad de defenderse de los embates del capitalismo apenas naciente que los afecta y golpea de diferentes formas.

Sin embargo, la fuerza reivindicativa, su solidez, estarían determinadas por las contradicciones propias del movimiento. Donde sobresalen aquellos que surgen del proceso de diferenciación del artesanado urbano que tiende a provocar enfrentamientos entre los artesanos empresarios y los artesanos asalariados y aquellas que apenas se asoman entre el artesanado en general y el proletariado industrial, que se manifiestan en crecientes discrepancias con respecto a la estrategia, la táctica y los medios de acción[1].

En la evolución ideológica por la que atraviesa el movimiento se traslucen las contradicciones del mismo debido a su composición tan diversa. Las diferentes presiones ideológicas a las que se vio sometido el movimiento que fluctuaron desde el liberalismo, pasando por el socialismo utópico, socialismo reformista, hasta el anarquismo, vetas de pensamiento de donde se nutre el movimiento de estos trabajadores van alterando su peso con el paso de los años. En un principio el liberalismo pierde importancia, dejando espacio a diversas corrientes socialistas y a comienzos del siglo XX éste pierde fuerza en beneficio del anarquismo.

---

(1)   Un punto de vista similar en LEAL, Felipe, Woldemberg, José. *Del estado liberal a los inicios de la dictadura porfirista.* Editorial Siglo XXI y UNAM, México, 1980, pág. 250.

El liberalismo y el socialismo reformista dominaron el movimiento desde su gestación hasta por lo menos 1909–1910. Los dirigentes de la época se proclamaban socialistas, pero su conocimiento de tales doctrinas eran mínimas y fragmentarias; confiando plenamente en la acción parlamentaria, promulgaban una doctrina colaboracionista entre las diversas clases sociales, tratando de integrar a los trabajadores al sistema más que combatirlo o enfrentarse a él.

A partir de la segunda década del presente siglo esas doctrinas debieron enfrentarse al anarquismo, cuya influencia fue trascendental en el movimiento de aquellos años, del cual debemos subrayar el carácter clasista que le dio a la lucha, su internacionalismo herencia que aún perdura en el movimiento obrero costarricense, elemento que quizás lo hizo inmune a los coqueteos de los partidos liberales. También debemos a él su concepción de autonomía respecto del estado del movimiento obrero [2].

Predicaron el sindicalismo como el pacifismo y siempre fueron anticapitalistas, atajaron en parte la penetración entre los trabajadores del reformismo al cual se adherían buena parte de artesanos y obreros costarricenses con el tiempo.

El socialismo de la época en términos generales es muy frágil, y su debilidad teórica es evidente. El movimiento aún no tiene conocimientos del marxismo.

Una parte del socialismo estaba ligado a la posibilidad de reforma al interior del sistema capitalista y a teorizar de ello, tomando como base en ocaciones a ejemplos europeos. Pero el socialismo de estos años sostiene aunque tímidamente la idea de la revolución desde una perspectiva determinista, evolucionista, y que afirmaba que la nueva sociedad era cosa de paciencia y tiempo.

Sobre estas convicciones nos hablan los editorialistas de *La Aurora Social* del 24 de noviembre de 1913. "El socialismo no es un ideal etéreo de la organización económica y

(2)   MILLOT B. Julio. "El Primero de mayo en Uruguay". *El Primero de mayo en el mundo*. Tomo II, editorial AMCESHMO México, 1981, pág. 259–275.

política de la humanidad futura. Es simplemente un orden nuevo, que reinará de manera fatal en fuerza de la necesidad y del cambio evolutivo de ésta. Decir "yo soy socialista" o "yo no soy socialista" es expresar una frase sin sentido, por la misma razón que nadie puede afirmar que es partidario o enemigo de la rotación del sol".

Los artesanos dueños de taller eran quienes llevaban la dirección, mejor preparados que el resto de los trabajadores, sin duda era quienes animaban el movimiento artesano-obrero costarricense.

Los proletarios en este período (1880—1914) sin educación, ni tradición organizativa y política asumen las formas organizativas y de acción de los artesanos.

Las organizaciones en el período correspondían a formas transitorias del desarrollo industrial y agrupaban a obreros y pequeños industriales, a oficiales artesanales, maestros y algunos intelectuales para su defensa.

Habitualmente las organizaciones, no importa la forma en que surgían e independientemente de su nombre (sociedad mutualista, sociedad de trabajadores, sociedad de artes y oficios u otros) eran organizaciones de carácter gremial y de pequeñas dimensiones; su actividad se limitaba, por regla general, en una localidad; durante mucho tiempo las diferentes sociedades trabajaban por separado. Poco a poco en el proceso de elevación de la conciencia de los trabajadores comenzaron a cohesionarse sus organizaciones, antes diseminadas localmente y poco numerosas, se emprendieron esfuerzos sistemáticos para alcanzar las acciones coordinadas entre ellas en gran escala, y para crear organizaciones nacionales, tal como ocurrió con la primera Confederación General de Obreros creada en 1913.

Una de las armas más utilizadas por el movimiento para alcanzar sus objetivos era la prensa y la educación. Entre 1889—1894 paralelamente al surgimiento de las organizaciones se desarrollan los primeros "periódicos obreros". Sus directores y administradores mayoritariamente eran artesanos autodidactactas y con ciertas comodidades a los cuales les movía cierto paternalismo con relación a los proletarios.

Entre 1909—1914 se observa con mayor nitidez la aparición de una identidad de intereses entre todos los diferentes grupos de trabajadores y simultáneamente, en contra de los intereses de otras clases. Como también en el desarrollo de formas correspondientes de organizaciones políticas, laborales y culturales. Fue en estas fechas cuando proliferaron los centros de estudios, bibliotecas populares, escuelas nocturnas para trabajadores, circulación de periódicos y libros socialistas, organizaciones laboristas. Todo esto venido de sus propias posibilidades y esfuerzos.

Fueron también los años en que cada uno de los componentes del movimiento aparentemente unitario comienza a fracturarse y desarrollarse por caminos diferentes. Unos se integrarían al sistema. Los otros, en parte influenciados por el anarquismo tendían a profundizar los desacuerdos con el orden de cosas establecido.

BIBLIOGRAFIA

Hemos concretado esta bibliografía solamente a aquellas obras citadas en el texto y las notas; en el caso de los periódicos y revistas de la época (1870–1914) solo incluimos las fechas y números mencionados a lo largo del trabajo, no las colecciones completas que hemos revisado, y que en el caso de los periódicos sobrepasan los 190 títulos y en el de las revistas más de 30.

De esta manera intentamos reducir a lo esencial una bibliografía que, de otro modo, hubiera alcanzado varios centenares de títulos.

A) Libros y artículos
B) Tesis
C) Folletos y hojas sueltas
D) Censos, leyes y Memorias
E) Documentos Archivos Nacionales
F) Periódicos y Revistas

A) LIBROS Y ARTICULOS

ACUÑA, Angela. *La mujer costarricense a través de cuatro siglos.* Imprenta Nacional, 1969.
ACUÑA, Víctor. *El Desarrollo del capitalismo en Costa Rica. 1821–1930,* (mimeo), 1982.

ANDERLE, Adam. "Conciencia Nacional y continentalismo en América Latina, en la primera mitad del siglo XX". *Revista Casa de las Américas.* No. 133, Cuba, Julio-agosto 1982.

BARRAGAN, Leticia y otros. "El Mutualismo en el siglo XIX". En *Revista de Historia Obrera.* No. 10, México, octubre 1977.

BASURTO, Jorge. *El Proletariado industrial en México (1850–1930).* Editorial UNAM, México, 1975.

CARDOSO, Ciro. *La formación de la hacienda cafetalera en Costa Rica (siglo XIX).* (Avance de investigación No. 4). Proyecto de historia social y económica de Costa Rica 1821–1945. U.C.R. U.N.A., Programa centroamericano de Ciencias Sociales, (mimeo) 1976.

CHURNSIDE, Róger. *Organización de la producción, mercado fuerza de trabajo y política en Costa Rica 1864–1950.* Avance de investigación No. 38, Instituto de Investigaciones Sociales. U.C.R.

CHAVES, Sergio, ROSALES, Amada y otros. "La Huelga en México, 1857–1880". En *Historia Obrera,* No. 3, México, abril 1978.

DE LA CRUZ, Vladimir. *El Primero de mayo 1913.* U.N.A., Facultad de Ciencias Sociales, IESTRA, 1979.

DE LA CRUZ, Vladimir. *Las Luchas sociales en Costa Rica. 1870–1930.* Editorial Costa Rica y U.C.R., San José, 1980.

DE LA CRUZ, Vladimir. "Tendencias en el movimiento obrero costarricense, 1870–1930". En *Revista Revenar,* No. 5, San José, febrero-julio 1982.

EHRAND, Jean. "Historia de las Ideas e historia social en Francia en el Siglo XVIII: reflexiones de método". En *Niveles de Cultura y grupos sociales.* Editorial Siglo XXI, España, 1977.

FACIO, Rodrigo. *Estudios sobre economía costarricense.* Editorial Costa Rica, San José, 1978.

FALLAS, Carlos Luis. *Tres Cuentos.* Editorial Costa Rica, 5ta. edición, San José, 1980.

FALLAS Monge, Carlos Luis. *El Movimiento obrero en Costa Rica 1830–1902.* Editorial EUNED, San José, 1983.

FONSECA, Elizabeth. *Costa Rica Colonial la tierra y el hombre.* Editorial EDUCA, San José, 1983.

FONTANA, José. *La Historia.* Editorial Salvat, Barcelona, 1973.

FORCADELL, Carlos. *Parlamentarismo y Bolchevización en España 1914—1918.* Editorial Grijalbo, España, 1982.

FORNET, Ambrosio. "La lectura proletaria y cultura nacional". *Revista Casa de las Américas.* No. 93, Cuba, noviembre-diciembre, 1975.

GARCIA Cantú Gastón. *El Socialismo en México en el siglo XIX.* Editorial ERA, 2a, edición, México, 1974.

GARCIA Díaz, Bernardo. *Un pueblo fabril del porfiriato: Santa Rosa, Veracruz.* Editorial Fondo de la Cultura, México 1981.

GODIO, Julio. *Historia del movimiento obrero latinoamericano.* Editorial El Cid, Argentina, 1979.

GONZALEZ Casanova, Pablo. *Imperialismo y Liberación.* Editorial Siglo XXI, 4a. edición, México, 1983.

HALL, Carolyn. *El café y el desarrollo histórico geográfico de Costa Rica.* Editorial Costa Rica, San José, 1976.

HERRERO Y GARNIER. *El Desarrollo de la industria en Costa Rica.* Editorial UNA. San José, 1982.

HOBSBAWM, Eric. *Bandidos.* Editorial Ariel, Barcelona, 1976.

HOBSBAWN, Eric. "Las clases obreras inglesas y la cultura desde los comienzos de la revolución industrial". En *Niveles de Cultura y grupos sociales.* Editorial Siglo XXI, España, 1977.

HOBSBAWM, Eric. *Las revoluciones burguesas.* Editorial Labor, 5ta. edición, Barcelona, 1978.

HOBSBAWM, Eric. *Trabajadores.* Editorial Grijalbo, Barcelona, 1979.

IAACOV, Oved. *El anarquismo y el movimiento obrero en Argentina.* Editorial Siglo XXI, México, 1978.

KOLLONTAI, Alexandra. *La mujer en el desarrollo social.* Editorial Guadarrama, España, 1976.

LASCARIS, Constantino. *Desarrollo de las ideas filosóficas en Costa Rica.* Editorial ECA, San José, 1964.

LEAL Felipe, WOLDEMBERG, José. *Del estado liberal a los*

inicios de la dictadura porfirista. Editorial XXI, y UNAM, México, 1980.

LEAL Felipe, WOLDEMBERG, José. "Orígenes y desarrollo del artesanado y del proletariado industrial en México: 1867–1914". *En Revista Mexicana de Ciencias Políticas No. 80,* México, abril-junio, 1975.

MEIKSINS Wood, Allen. "El concepto de clase en E.P. Thompson". En *Cuadernos Políticos,* No. 36, México, abril-junio, 1983.

MENJIVAR, Rafael. *Formación y lucha del proletariado industrial salvadoreño.* Editorial EDUCA, edición 2a. San José, 1982.

MEZA, Víctor. *Historia del movimiento obrero hondureño.* Editorial Guaymuras, 2a. edición, Tegucigalpa, 1981.

MEZZARO, Istvan. *La conciencia de clase en la historia.* UNAM, México, 1973.

MILLOT, Julio. "El Primero de Mayo en Uruguay". El Primer Primero de mayo en el mundo". Tomo II, Editorial AMCEHMO México, 1981.

MONGE Alfaro, Carlos. *Nuestra historia y los Seguros.* Editorial Costa Rica, San José, 1974.

MORALES, Carlos. *El hombre que no quiso la guerra.* Editorial Ariel, San José, 1981.

MORENO Fraginals, Manuel. *La historia como arma.* Editorial Grijalbo, Barcelona, 1983.

MURGA, Antonio. "Economía primario exportadora y formación del proletariado: el caso centroamericano". No. 32, mayo-agosto, 1982.

OLIVA, Mario. "El Primer Congreso Centroamericano y el movimiento artesanal-obrero costarricense". En *Revista Revenar* No. 4 San José, octubre, 1981.

OLIVA, Mario. *Una nota sobre educación entre artesanos y obreros en el siglo XIX.* (inédito) 1982.

OLIVA Mario y QUESADA Rodrigo. *Poesía de tema popular 1850–1900,* (inédito) 1984.

PEREZ DE LA RIVA, Juan. *Para la historia de las gentes sin historia.* Editorial Ariel, Barcelona, 1975.

PONOMARIOV B. Tomofeev T. y otros. *El movimiento obrero internacional: historia y teoría.* Editorial Progreso, Moscú, 1982.

VILAR, Pierre. *Metodología histórica de la guerra y revolución española.* Editorial Fontamara, Barcelona, 1980.

POSAS, Mario. *Las sociedades artesanales y los orígenes del movimiento hondureño.* Editorial ESPE—L4, Tegucigalpa, sin año de edición.

PRIETO Arcianaga, A.M. *La historia como arma de la reacción.* Editorial AKAL, Madrid, 1976.

QUESADA Rodrigo. "Ferrocarriles y crecimiento económico: el caso de Costa Rica Railway Company 1871–1905". En *Anuario de Estudios Sociales Centroamericanos,* San José, 1983.

QUINTERO Ribera, Angel. "Socialistas y tabaquero: la proletarización de los artesanos". En *Revista sin nombre,* No. 4 Puerto Rico, enero-marzo, 1978.

RAMA, Carlos. "El anarco tolstianismo latinoamericano". En *Revista Acracia,* No. 6, San José, julio-agosto, 1983.

RAMA, Carlos. *Utopismo socialista 1830–1893.* Editorial Biblioteca Ayacucho, Venezuela, 1977.

ROSEL, André. "Los anarquistas y el 1o. de mayo de 1890 en Francia". *El Primer Primero de mayo en el mundo.* Tomo II, Editorial AMCEHSMO, México, 1981.

RUDE, George. *Protesta popular y revolución en el siglo XVIII.* Editorial Ariel, Barcelona, 1978.

SAMPER, Mario. "Los productores directos en el siglo del café". En *Revista de Historia* U.N.A., No. 7, julio-diciembre 1978.

SULMONT, Denis. *Historia del movimiento obrero peruano (1890–1978).* (Mimeo).

THIEL, Bernardo. *Vigésima novena carta pastoral.* Sin pie de imprenta, 1983.

THOMPSON, E.P. *La formación histórica de la clase obrera: Inglaterra 1780–1932.* Editorial LAIA, Barcelona, 1977.

THOMPSON, E.P. *Tradición, revuelta y conciencia de clase.* Editorial Grijalbo, Barcelona, 1979.

TORRES, Edelberto. *Interpretación del desarrollo social centroamericano.* Editorial EDUCA, 5a. edición, 1975.

ULLOA, Frank. *Apuntes para la historia de la legislación laboral costarricense (1821–1921).* U.N.A. (mimeo) 1979.

VEGA Carballo, José Luis. *La formación del estado nacional en Costa Rica.* Editorial ICAP, San José, 1981.

VICILLARD—Baron, Alain. "Dos cartas de Kropotkin". En *Revista de Filosofía de la U.C.R.* No. 7, San José, enero-junio 1960.

VITALE, Luis. *Génesis y evolución del movimiento obrero chileno hasta el frente popular.* Reproducción de la publicación realizada por la Universidad Central de Venezuela. Sin pie de imprenta, ni año de edición.

VITALE, Luis. *La formación social Latinoamericana 1930–1980.* Editorial Fontarrama, Barcelona, España, 1979.

WOLDEMBERG, José. "Asociaciones artesanas del siglo XIX". En Revista Mexicana de Ciencias políticas y sociales. No. 83, México, enero-marzo de 1976.

ZAVALA, Iris. *Románticos y Socialistas.* Editorial Siglo XXI, España, 1972.

B) TESIS

ALFARO, Johnny, POCHET, Carlos. *La Evolución del sufragio en Costa Rica.* Tesis de licenciatura en Derecho, U.C.R. 1980.

CALDERON, Manuel. *Proteccionismo y librecambio en Costa Rica. (1880–1950).* Tesis de licenciatura en Historia, U.C.R. 1976.

GONZALEZ De La Mata, María del Mar. *Normas de carácter laboral en las leyes de Indias y en la legislación positivista costarricense del siglo XIX (1823–1888).* Tesis de licenciatura en Historia, U.N.A., 1974.

GUDMUNSON, Lowell. *Costa Rica antes del café: sociedad y economía en vísperas de la expansión agro exportadora.* Tesis doctoral en Historia. Universidad de Minnesota, 1982.

RAMIREZ, Mario. *El desarrollo de las clases sociales y la industria en Costa Rica (1880–1930).*

C) FOLLETOS Y HOJAS SUELTAS

Estatutos de la Sociedad de Artes y oficios de la Provincia de Heredia. Tipografía Nacional, 1891.

Estatuto del Gremio de Carpinteros. Tipografía de Jenaro Valverde, 1903.

Estatutos de la Sociedad "El Ejemplo". Imprenta de Jenaro Valverde, 1903.

MATAMOROS, Gerardo. El Trabajo. Imprenta Alsina, 1907.

Estatutos de la Sociedad de Barberos. Tipografía Lehmann, 1914.

Publicaciones del Centro de Estudios Sociales "Germinal". *A los Trabajadores*. Imprenta y Litografía del Comercio, 1913.

D) CENSOS, LEYES Y MEMORIAS

Leyes y Decretos. Decreto XXXV de diciembre de 1841.

D.G.E. *Censo de población 1864*. Reedición del Ministerio de Economía, Industria y Comercio. 1975.

Leyes y Decretos. Acuerdo No. XXXV del 15 de mayo de 1879.

D.G.E. *Censo de población 1883*. Reedición del Ministerio de Economía, Industria y Comercio.

Leyes y Decretos. Decreto XXXIII del 8 de julio de 1887.

O.N.E. Anuario estadístico de 1888.

Memoria de Secretaría de Gobernación y Política y Fomento. 1889.

Memoria de Fomento 1891.

D.G.E. *Censo de Población 1892*. Reedición del Ministerio de Economía, Industria y Comercio. 1974.

O.N.E. *Censo Industrial de la República de Costa Rica 1907*. Anuario de 1907. (Anexo a la Memoria de fomento 1907—1908).

O.N.E. *Censo Industrial de la Ciudad de San José 1908*. (Anexo a la Memoria de fomento de 1908).

E) DOCUMENTOS CONSULTADOS EN ARCHIVO NACIONAL

Sección Congreso

No. 7006— Julio de 1860
No. 9095— 1886
No. 3425— 25 de julio de 1895
No. 2885— 2 de julio de 1903
No. 4316— 18 de julio de 1903
No. 9954— 26 de agosto de 1908
No. 10867— 1909

F) PERIODICOS Y REVISTAS

Periódicos

La Gaceta, 24 de enero de 1874
El Mensajero del Clero, 30 de julio de 1883
La Gaceta, 1 al 30 de mayo de 1888
El Artesano, 24 de mayo de 1888
La República, 5 de setiembre de 1888
El Artesano, 9 de febrero de 1889
El Artesano, 18 de febrero de 1889
El Artesano, 16 de marzo de 1889
El Artesano, 24 de marzo de 1889
El Artesano, 6 de julio de 1889
El Artesano, setiembre de 1889
El Artesano, 21 de setiembre de 1889
La Gaceta, 24 de setiembre de 1889
El Artesano, 9 de octubre de 1889
El Artesano, 4 de noviembre de 1889
El Demócrata, 12 de enero de 1890
El Demócrata, 25 de enero de 1890
El Demócrata, 26 de enero de 1890
El Demócrata, 15 de febrero de 1890
La Prensa Libre, 22 de febrero de 1890
El Obrero, 10 de junio de 1890

El Obrero, 27 de junio de 1890
El Obrero, 12 de julio de 1890
La Unión Católica, 9 de noviembre de 1890
El Eco Católico, 22 de noviembre de 1890
La Gaceta, 13 de diciembre de 1890
El Demócrata, 26 de enero de 1891
El Obrero, 11 de abril de 1891
El Obrero, 26 de julio de 1891
El Obrero, 25 de octubre de 1892
El Hijo del Pueblo, 14 de setiembre de 1893
La Unión Católica, 19 de setiembre de 1894
Periódico, 1 de octubre de 1894
La República, 24 de octubre de 1894
El Pabellón Cubano, 27 de octubre de 1895
El Pacífico, 7 de mayo de 1898
El Mensajero del clero, 28 de febrero de 1899
El Día, 10 de noviembre de 1900
El Día, 13 de noviembre de 1900
La República, 28 de mayo de 1901
El Fígaro, 29 de mayo de 1901
El Tiempo, 29 de mayo de 1901
El Día, 29 de mayo de 1901
El Tiempo, 29 de mayo de 1901
El Noticiero, 29 de mayo de 1901
El Día, 30 de mayo de 1901
La República, 30 de mayo de 1901
La República, 31 de mayo de 1901
El País, 14 de setiembre de 1901
El País, 24 de setiembre de 1901
El Día, 1 de octubre de 1901
El Día, 15 de noviembre de 1901
El Día, 27 de diciembre de 1901
El Día, 3 de enero de 1902
El Derecho, 11 de febrero de 1902
El Derecho, 30 de abril de 1902
La Nueva Prensa, 10 de junio de 1902
La Nueva Prensa, 27 de setiembre de 1902
El Pacífico, 11 de febrero de 1903
El Día, 19 de marzo de 1903

El Día, 30 de abril de 1903
El Derecho, 20 de junio de 1903
La Prensa Libre, 10 de julio de 1903
El Noticiero, 10 de julio de 1903
El Noticiero, 12 de julio de 1903
El Noticiero, 11 de julio de 1903
El Día, 15 de julio de 1903
El Noticiero, 15 de julio de 1903
La Gaceta, 15 de julio de 1903
El Noticiero, 16 de julio de 1903
El Derecho, 16 de julio de 1903
La Gaceta, 19 de julio de 1903
El Noticiero, 23 de julio de 1903
El Derecho, 31 de julio de 1903
El Noticiero, 16 de marzo de 1904
El Noticiero, 6 de setiembre de 1904
El Derecho, 11 de octubre de 1904
La Prensa Libre, 13 de octubre de 1904
El Día, 13 de diciembre de 1904
La Aurora, 17 de diciembre de 1904
El Noticiero, 7 de marzo de 1905
El Noticiero, 7 de marzo de 1905
El Heraldo, 14 de mayo de 1905
El Noticiero, 13 de junio de 1905
La Unión, diciembre de 1905
Patria, 4 de agosto de 1906
La Prensa Libre, 3 de setiembre de 1906
La República, 29 de noviembre de 1906
El Noticiero 9 de diciembre de 1906
La República, 19 de enero de 1907
Patria, 7 de mayo de 1907
El Noticiero, 4 de mayo de 1907
El Noticiero, 25 de julio de 1907
El Noticiero, 1 de agosto de 1907
El Noticiero, 6 de agosto de 1907
El Noticiero, 6 de setiembre de 1907
El Noticiero, 19 de setiembre de 1907
El Noticiero, 5 de noviembre de 1907
La República, 3 de mayo de 1908

El Noticiero, 21 de julio de 1908
La Prensa Libre, 26 de agosto de 1908
El Pacífico, 10 de noviembre de 1908
El Pacífico, 24 de diciembre de 1908
La Prensa Libre, 6 de enero de 1909
El Noticiero, 22 de julio de 1909
Hoja Obrera, 17 de octubre de 1909
Hoja Obrera, 24 de octubre de 1909
Hoja Obrera, 7 de noviembre de 1909
Hoja Obrera, 21 de noviembre de 1909
Hoja Obrera, 12 de diciembre de 1909
Hoja Obrera, 19 de diciembre de 1909
Hoja Obrera, 9 de enero de 1910
Hoja Obrera, 6 de febrero de 1910
La República, 20 de febrero de 1910
Hoja Obrera, 20 de febrero de 1910
Hoja Obrera, 27 de febrero de 1910
Hoja Obrera, 13 de marzo de 1910
Hoja Obrera, 27 de marzo de 1910
Hoja Obrera, 27 de mayo de 1910
Hoja Obrera, 29 de mayo de 1910
Hoja Obrera, 6 de julio de 1910
Hoja Obrera, 22 de julio de 1910
La Prensa Libre, 7 de agosto de 1910
Hoja Obrera, 14 de agosto de 1910
Hoja Obrera, 5 de setiembre de 1910
Hoja Obrera, 10 de setiembre de 1910
La Aurora Social, 30 de setiembre de 1910
El Correo de Poás, 9 de octubre de 1910
La Epoca, 29 de octubre de 1910
La Prensa Libre, 18 de noviembre de 1910
La Prensa Libre, 24 de noviembre de 1910
Hoja Obrera, 6 de diciembre de 1910
Hoja Obrera, 9 de diciembre de 1910
Hoja Obrera, 14 de diciembre de 1910
Hoja Obrera, 21 de diciembre de 1910
Hoja Obrera, 28 de enero de 1911
La Información, 24 de febrero de 1911
La República, 22 de abril de 1911

Hoja Obrera, 18 de julio de 1911
El Noticiero, 9 de setiembre de 1911
Hoja Obrera, 13 de setiembre de 1911
Hoja Obrera, 28 de setiembre de 1911
Hoja Obrera, 10 de octubre de 1911
El Diario, 10 de octubre de 1911
La Información, 10 de octubre de 1911
Hoja Obrera, 20 de octubre de 1911
Hoja Obrera, 29 de noviembre de 1911
Hoja Obrera, 4 de diciembre de 1911
Hoja Obrera, 27 de diciembre de 1911
Hoja Obrera, 29 de diciembre de 1911
Hoja Obrera, 16 de enero de 1912
La Prensa Libre, 20 de enero de 1912
Hoja Obrera, 23 de enero de 1912
Hoja Obrera, 6 de febrero de 1912
La Prensa Libre, 12 de febrero de 1912
Hoja Obrera, 19 de marzo de 1912
La Prensa Libre, 10 de mayo de 1912
La Información, 20 de junio de 1912
La Aurora Social, 20 de junio de 1912
Hoja Obrera, 25 de junio de 1912
La Prensa Libre, 21 de julio de 1912
Hoja Obrera, 23 de julio de 1912
La Aurora Social, 30 de julio de 1912
Hoja Obrera, 6 de agosto de 1912
La Prensa Libre, 7 de agosto de 1912
Hoja Obrera, 7 de agosto de 1912
La Gaceta Oficial, 17 de agosto de 1912
La Prensa Libre, 17 de agosto de 1912
La Aurora Social, 20 de agosto de 1912
La Aurora Social, 3 de setiembre de 1912
Hoja Obrera, 4 de setiembre de 1912
Hoja Obrera, 12 de octubre de 1912
Hoja Obrera, 15 de octubre de 1912
La Prensa Libre, 15 de octubre de 1912
Hoja Obrera, 18 de octubre de 1912
La Información, 2 de noviembre de 1912
La Aurora Social, 5 de noviembre de 1912

La Aurora Social, 12 de noviembre de 1912
Hoja Obrera, 12 de noviembre de 1912
La Aurora Social, 26 de noviembre de 1912
Hoja Obrera, 10 de diciembre de 1912
La Aurora Social, 16 de enero de 1913
Hoja Obrera, 28 de enero de 1913
Hoja Obrera, 4 de febrero de 1913
La Información, 12 de febrero de 1913
Hoja Obrera, 1 de abril de 1913
La Prensa Libre, 1 de abril de 1913
La República, 3 de abril de 1913
La Aurora Social, 10 de abril de 1913
La Información, 10 de abril de 1913
La Información, 13 de abril de 1913
Hoja Obrera, 15 de abril de 1913
La Aurora Social, 17 de abril de 1913
La Prensa Libre, 21 de abril de 1913
La República, 25 de abril de 1913
La Aurora Social, 30 de abril de 1913
La Prensa Libre, 30 de abril de 1913
La Prensa Libre, 2 de mayo de 1913
La Información, 2 de mayo de 1913
La Prensa Libre, 8 de mayo de 1913
Hoja Obrera, 11 de mayo de 1913
Hoja Obrera, 13 de mayo de 1913
La Aurora Social, 15 de mayo de 1913
La Aurora Social, 17 de mayo de 1913
Hoja Obrera, 18 de mayo de 1913
La República, 25 de mayo de 1913
La Aurora Social, 29 de mayo de 1913
La Aurora Social, 5 de junio de 1913
La Prensa Libre, 13 de junio de 1913
La Aurora Social, 19 de junio de 1913
La Prensa Libre, 2 de julio de 1913
El Derecho, 21 de julio de 1913
La Aurora Social, 25 de julio de 1913
La Aurora Social, 8 de agosto de 1913
Hoja Obrera, 14 de agosto de 1913
La Aurora Social, 12 de setiembre de 1913

La *Aurora Social,* 19 de setiembre de 1913
La *Aurora Social,* 26 de setiembre de 1913
La *Aurora Social,* 1 de octubre de 1913
La *República,* 9 de octubre de 1913
El *Pabellón Rojo,* 13 de octubre de 1913
Hoja Obrera, 29 de noviembre de 1913
La *Prensa Libre,* 29 de diciembre de 1913
La *Prensa Libre,* 16 de enero de 1914
La *Prensa Libre,* 19 de enero de 1914
La *Prensa Libre,* 13 de febrero de 1914
Hoja Obrera, 14 de febrero de 1914
La *Aurora Social,* 23 de febrero de 1914
La *Aurora Social,* 2 de marzo de 1914
Hoja Obrera, 14 de abril de 1914
La *Información,* 26 de mayo de 1914
Hoja Obrera, 27 de junio de 1914
La *Prensa Libre,* 21 de agosto de 1914
La *Unión Obrera,* 18 de julio de 1915

Revistas

Renovación, año I, No. 5, 15 de enero de 1911.
Renovación, año I, No. 12, 30 de junio de 1911.
Renovación, año 2, No. 30, 31 de junio de 1912.
Renovación, año 3, No. 49, 5 de enero de 1913.
Renovación, año 3, No. 58, 25 de mayo de 1913.
El *Despertar de los Trabajadores,* 1o. de mayo de 1916.

Entrevista: Juan Chaves, edad 92 años de oficio tipógrafo.

INDICE

Este libro se imprimió en los Talleres Gráficos de la Editorial del Ministerio de Educación Pública, en noviembre de 1985.

Su edición fue aprobada por el Consejo Directivo de la Editorial Costa Rica en sesión número 1121.

Tiraje 2000 ejemplares, Papel del texto: Bond 20, Portada: cartulina barnizable , Levantó: Levantex, Corrigió pruebas: Ana Mercedes Rodríguez. Diseñó portada: Rodolfo Moreno

1645-85-Public.